Das Gesetz der Anziehung

Cosima Sieger

DAS GROSSE PRAXISBUCH ZUM GESETZ DER ANZIEHUNG!

Wie Sie das Gesetz der Anziehung in 5 Schritten anwenden, um das zu bekommen, was Sie wollen!

Plus:
Unbewusste Blockaden und Glaubenssätze auflösen

Cosima Sieger

Inhalt

Warum viele Menschen mit dem Gesetz der Anziehung scheitern und wie es wirklich funktioniert

In diesem Buch wird die Praxis großgeschrieben. Die überraschend hohe Zahl an positiven Rückmeldungen meiner Leser, die sich per E-Mail bei mir für den starken Praxisbezug und ihre Erfolge bei der Anwendung bedankt haben, hat mich zu dem Titel dieses Buches veranlasst.

Ja, in diesem Buch erwartet Sie ein großes Praxisprogramm, das Ihr Leben verändern kann, wenn Sie es zulassen!

Spätestens seit das Buch „The Secret“ auf dem Markt und in aller Munde ist, kennen die meisten Menschen das Gesetz der Resonanz, das Gesetz des Anziehung, das besagt, dass wir immer das anziehen, was wir erwarten, woran wir am meisten denken und worauf wir besonders stark unsere Aufmerksamkeit richten – und dass wir dieses Gesetz dazu nutzen können, um gezielt die Dinge in unser Leben zu ziehen, die wir uns wünschen.

Die Resonanz auf „The Secret“ war überwältigend und die Leser von der „neuen“ Erkenntnis begeistert. Fast alle haben es ausprobiert. Doch laut Umfragen blieb der Erfolg bei 95% dieser Menschen aus.

Doch warum?

Nun, das liegt einerseits sicherlich daran, dass das Buch zwar eine ausgesprochen wertvolle Erkenntnis, aber keine konkrete praktische Anleitung zur Umsetzung liefert und zudem auch daran, dass ein wichtiger Punkt unerwähnt bleibt, der beim Visualisieren eines Ziels beachtet werden muss, damit sich die Vision tatsächlich manifestieren kann.

Doch es gibt noch einen dritten Grund, warum so viele Menschen bei dem Versuch scheitern, mit dem Gesetz der Anziehung ihre Wünsche zu manifestieren und der erstaunlicherweise in der Literatur zum Thema nicht erwähnt wird. Und genau dieser dritte Grund war für mich Anlass, dieses Buch zu schreiben.

Es ist die Tatsache, dass, sobald wir versuchen, etwas in unser Leben zu ziehen, das wir uns wünschen (vor allem, wenn es etwas Größeres ist, von dem wir nicht ganz sicher sind, ob wir es bekommen können) innere Blockaden in uns aktiv werden, die verhindern, dass das, was wir uns wünschen, in unser Leben kommen kann.

Diese Blockaden werden von tiefsitzenden, meist unbewussten, aber sehr machtvollen Glaubenssätzen in uns ausgelöst, die unseren Erfolg hartnäckig sabotieren und die ich an späterer Stelle in diesem Buch noch genau beschreiben werde.

Solche inneren Sabotageprozesse laufen in aller Regel unbewusst ab und sind genau deshalb besonders tückisch, denn wir erkennen meist nicht, was in uns passiert, und stellen oft nur enttäuscht fest, dass trotz aller Mühe das Visualisieren unserer Wünsche nicht funktioniert hat. Oder wir glauben, das Gesetz der Anziehung würde für uns nicht funktionieren.

Solche inneren Blockaden treten auch nicht nur einmal, sondern immer wieder in uns auf – und zwar solange, bis wir sie auflösen. Bei manchen Menschen also ein ganzes Leben lang...

Erstmals zeigen sie sich oft bereits, wenn wir versuchen, uns ein konkretes Ziel zu setzen, das uns wirklich anspricht. Wir merken dann zum Beispiel, dass wir uns nicht für ein Ziel entscheiden oder es nicht ganz konkret festlegen wollen oder können.

Sie werden wieder aktiv, sobald wir versuchen, unser Ziel zu visualisieren und es uns bildlich vorzustellen, und sorgen dafür, dass wir uns nicht auf unsere Vision konzentrieren können oder in unserem Kopf einfach keine Bilder auftauchen wollen.

Und sie greifen meist noch einmal sabotierend ein, wenn das, was wir uns wünschen und was wir erfolgreich visualisiert haben, tatsächlich beginnt, sich in unserem Leben zu zeigen. Wir blocken dann oft reflexartig ab, was in unser Leben kommen möchte, oder sabotieren das, was neu entsteht, unbewusst mit unseren Handlungen und ersticken es so bereits im Keim - seien es berufliche Chancen, neue Beziehungen oder sogar unser Wunschgewicht. Und so finden wir uns nicht selten trotz all unserer Mühe irgendwann am Punkt Null wieder. Und sind enttäuschter als vorher...

Solche Abläufe hat wohl jeder Mensch schon einmal erlebt. Sie sind ungeheuer frustrierend.

Und sie sind vermeidbar!

Denn wir KÖNNEN uns innerlich bereit machen für das, was wir uns wünschen, und unsere Blockaden rechtzeitig auflösen, bevor sie unsere Wünsche sabotieren können.

Die gute Nachricht ist:

Das Gesetz der Anziehung funktioniert!

Und wir können damit tatsächlich bewusst das in unser Leben ziehen, was wir uns wünschen – ganz egal, um was für einen Wunsch es sich handelt. Aber wir müssen dabei zwei Dinge beachten:

Wir müssen wissen, welche EINE Sache wir beim Visualisieren unseres Wunsches tun müssen, damit es funktionieren kann.

Und wir müssen darüber hinaus die unbewussten inneren Blockaden in uns aufdecken und verstehen, die uns immer wieder vom Erreichen unserer Ziele abhalten, und müssen diese in gezielten praktischen Schritten an der richtigen Stelle auflösen.

Keine Sorge, das ist gar nicht so schwer, wie Sie jetzt vielleicht glauben! Denn es gibt ganz praktische kleine Dinge, die Sie jetzt sofort dafür tun können.

Und Sie haben bereits alles, was Sie dafür brauchen:

Die Entscheidung für Ihre Wünsche und dieses Buch!

Dieses Buch ist ein Praxisbuch, in dem Sie eine konkrete Anleitung für all diese Dinge zum sofort Umsetzen erhalten, und mit dem ich Sie in das Leben Ihrer Träume begleiten werde.

Ich werde mit Ihnen gemeinsam die 5 Schritte gehen, mit denen Sie das Gesetz der Anziehung nutzen können, um das in Ihr Leben zu ziehen, was Sie sich wünschen!

Denn Sie verdienen ein Leben in Fülle! Und was Sie sich wünschen steht Ihnen tatsächlich zu! Sie müssen nur lernen, es zuzulassen...

Alles, was Sie dafür tun müssen, ist, die 5 Schritte aus diesem Buch nicht nur zu lesen, sondern auch umzusetzen.

Lassen Sie uns daher auch gleich beginnen.

Ich wünsche Ihnen viel Spaß beim Lesen und natürlich viel Erfolg bei der Umsetzung!

Ihre Cosima Sieger

Schritt 1: Erhöhen Sie Ihre energetische Schwingung

Alles in unserem Universum ist Energie. Materielles sowie auch unsere Gedanken und Gefühle. Und diese Energie schwingt in unterschiedlichen Frequenzen (Vibrationen).

Das Gesetz der Anziehung besagt: Es findet immer das zusammen, was auf der gleichen Frequenz schwingt...

Mit anderen Worten:

Wir ziehen automatisch das in unser Leben, was in der Frequenz schwingt, in der wir mit unseren Gedanken, Gefühlen, mit unserem Bewusstsein und unserem Körper schwingen... Das ist auch der Grund, warum es Dinge gibt, von denen wir sicher sind: Das könnte ich NIEMALS haben... Vielleicht gibt es in Ihrem Leben auch solche Dinge? Und mit dieser Annahme haben wir für den Moment sehr wahrscheinlich auch recht. Denn dieses Gefühl ist ein Hinweis darauf, dass die Vibration dieser Sache oder dieses Menschen im Moment noch sehr weit von unserer eigenen entfernt ist. Doch das lässt sich ändern!

Und nun die gute Nachricht:

Wir können unsere eigene Vibration durch gezieltes Training verändern.

Wenn wir das tun und uns selbst einschließlich unserer Gedanken in eine höhere Schwingung bringen und uns dort halten, dann werden wir plötzlich feststellen, dass

Dinge, von denen wir bisher sicher waren, sie niemals bekommen zu können, plötzlich völlig mühelos in unser Leben strömen und sich (oft überraschend schnell) manifestieren...

Dieses Phänomen ist kein Wunder – obwohl es uns oft so erscheint – sondern es ist das Gesetz der Anziehung in Aktion.

In diesem Praxisbuch werden wir uns eben dieses Naturgesetz zunutze machen, um zunächst einmal IHRE Schwingung zu erhöhen (Schritt 1), und dann zielgerichtet genau das in Ihr Leben zu ziehen, was Sie sich wünschen (Schritte 2-5).

Ich werde Ihnen zeigen, wie Sie das in Ihrem Leben manifestieren, also materialisieren, was Sie sich wünschen. Und das Beste ist: Das kann wirklich ALLES sein! Von einem bestimmten (Lebens-)Gefühl oder einem emotionalen Zustand über die Beziehungen, die Sie sich wünschen, oder Ihre Wunschfigur, bis hin zu beruflichem Erfolg, Geld und materiellen Dingen - und zwar in genau der Qualität und in der Beschaffenheit, die Ihr Herz sich wirklich wünscht.

Bevor wir jedoch damit beginnen, dies ganz maßgeschneidert in Bezug auf IHRE persönlichen Wünsche und Träume zu tun, möchte ich mit Ihnen in diesem ersten Schritt etwas tun, das Ihnen in Ihrem gesamten Leben einen enormen Wert stiften und Ihnen einen großen Schub an Lebensqualität, Freude, Fülle und auch Selbstvertrauen schenken wird – und das zusätzlich dazu unser Projekt -

nämlich alle Ihre großen und kleinen Lebenswünsche zu manifestieren - enorm erleichtern wird.

Dieser erste Schritt ist die Grundlage dafür, dass Sie mit Leichtigkeit jetzt und auch jederzeit später manifestieren können, was Sie sich wünschen... Und dabei in purer Freude leben. Er bildet sozusagen das Fundament Ihrer persönlichen Manifestierungsfähigkeit, die Sie dann jederzeit einsetzen und nutzen können.

Was wir hier zunächst tun werden ist, Ihre Frequenz, Ihre Vibration auf der Ebene Ihrer Gedanken, Ihrer Gefühle, Ihres Bewusstseinszustands, Ihres Körpers und vor allem Ihres LebensGEFÜHLs ganz allgemein anzuheben.

Wenn Sie in einer höheren Schwingung sind, dann sind Sie all den schönen Dingen des Lebens und auch den Dingen, die Sie sich speziell im Moment wünschen, energetisch näher und können sie aus diesem Zustand heraus sehr viel einfacher in Ihr Leben holen.

Dafür möchte ich Ihnen in diesem Kapitel ein einfaches 2 Schritte Programm vorstellen, mit dem Sie Ihre Vibration auf allen Ebenen erhöhen können. Wenn Sie dieses Programm umsetzen, werden Sie sich großartig fühlen. Es wird Ihr Lebensgefühl im wahrsten Sinne des Wortes auf ein höheres Level bringen. Sie dürfen sich freuen!

Aber ich möchte Ihnen an dieser Stelle auch ehrlich sagen:

Dieses Wissen wird Sie nur verändern, wenn Sie das Programm auch wirklich UMSETZEN und das Kapitel nicht nur lesen. Keine Sorge, es ist leicht und macht Spaß. Und ich werde diesen Schritt wie auch die anderen 4 Schritten mit Ihnen gemeinsam gehen und Ihnen genau zeigen, was Sie tun können.

Lassen Sie uns also beginnen:

Erhöhen Sie durch Ihre Gedanken Ihren Schwingungszustand

Sie können über verschiedene Wege in eine höhere Schwingung gelangen: Über Ihren Körper, indem Sie ihn mit Energie aufladen und auf verschiedenen Wegen dafür sorgen, dass er Glückshormone produziert. Natürlich durch Ihre Gefühle. Und auch durch Ihre Gedanken.

Der wirksamste Weg zu einem höheren Schwingungslevel ist der, bei Ihren GEDANKEN anzusetzen, denn diese beeinflussen automatsch auch Ihre Gefühle, Ihre Körperchemie und Ihre Handlungen und formen dadurch Ihre persönliche Realität. Veränderungen auf der Ebene Ihrer Gedanken bewirken also ganz automatisch Veränderungen auf allen anderen Ebenen.

Unsere Gedanken sind damit der erste Dominostein in der Ursache-Wirkungskette unserer persönlichen Realität. Jeder Gedanke, den Sie denken, löst einen mächtigen Dominoeffekt aus, der alles verändern kann.

Aber wie funktioniert dieser Dominoeffekt genau? Und warum sind unsere Gedanken eigentlich so mächtig?

Immer wenn wir einen Gedanken denken, dann erzeugt dieser Gedanke in uns ein Gefühl und er bewirkt in unserem Körper bestimmte Reaktionen z.B. Hormonausschüttungen, Blutdruckveränderungen, Herzschlagveränderungen, Reaktionen im Verdauungssystem und viele andere.

Wenn ein Gedanke sehr starke Emotionen auslöst, dann ist unsere Körperreaktion meist so stark, dass wir sie wahrnehmen. In allen anderen Fällen jedoch fällt sie so schwach aus, dass wir sie nicht bemerken. Trotzdem verändert sich permanent etwas in unserem Körper durch die vielen, vielen Gedanken, die wir den Tag über denken. Unser Körper reagiert auf unsere Gedanken... Und wir wissen ja: Steter Tropfen höhlt den Stein. Wir verändern durch unsere Gedanken in einem gewissen Rahmen also tatsächlich auch unseren Körper! Nicht umsonst sagen wir, daß Sorgen krank machen, Stress uns auf den Magen schlägt, ein verliebter Mensch kaum Schlaf braucht und vieles mehr...

Unsere Gedanken führen außerdem natürlich auch zu entsprechenden Handlungen und bestimmten in hohem Maße die Art, wie wir auf andere Menschen und auf Situationen reagieren und wie wir mit dem Leben und mit uns selbst umgehen. Je nachdem, wie wir eine Situation bewerten und wie wir darüber denken, werden unsere Handlungen entsprechend unterschiedlich ausfallen.

Es ist sehr wichtig dass Sie sich dies bewusst machen. Denn nur wenn Sie wirklich verinnerlicht haben, welche enorme Macht Ihre eigenen Gedanken haben, und dass Sie KEINEN GEDANKEN denken können, ohne dadurch Ihre persönliche Realität zu verändern, dann werden Sie sehr viel bedachter und auch bewusster mit Ihren eigenen Gedanken umgehen. Sie werden beginnen, auf sie zu achten und bewusst Gedankenhygiene zu betreiben - also nicht nur

Ihre Wohnung, sondern auch Ihren Kopf regelmäßig zu entrümpeln und Ihre Gedanken auszumisten...

Nachdem wir uns dieser Tatsache nun bewusst sind, können wir beginnen, unsere Gedanken zu steuern, um so unser gesamtes System einschließlich unserer Gefühle und unseres Körpers in eine höhere Schwingung zu bringen.

Dafür müssen wir natürlich wissen, wie wir unsere Gedanken bewusst steuern, und das ist zu Beginn gar nicht so einfach. Zumindest nicht für untrainierte Menschen.

Ich persönlich halte die Kunst, die eigenen Gedanken zu steuern, für die höchste Kunst in der Persönlichkeitsentwicklung. Sie muss erlernt und (zu Beginn täglich) geübt werden, aber sie besitzt eine enorme Macht, mit der Sie alles verändern können. Sie ist das Werkzeug, mit dem Sie Ihr Leben formen und nach Ihren Wünschen erschaffen können.

Die Kunst, Ihre Gedanken selbst zu steuern, ist Ihre wahre Schöpferkraft! Es lohnt sich unbedingt, sie zu erlernen.

Und keine Sorge:

Wir können unseren Fokus trainieren wie einen Muskel, und so wird es mit jeder Trainingseinheit immer leichter, ihn bewusst auf die Dinge zu lenken, die wir wahrnehmen, denken, fühlen und in unsere Welt hineinlassen MÖCHTEN, und ihn abzuwenden von Dingen, die wir nicht zum Zentrum unserer Realität machen wollen.

Doch wir müssen dieses Training regelmäßig (!) absolvieren, denn wie ein Muskel wird auch unser Fokus mit der Zeit schwächer, wenn wir ihn nicht regelmäßig benutzen – oder eben immer stärker und stärker, wenn wir täglich konsequent trainieren...

So steuern Sie Ihre Gedanken

Ich möchte Ihnen nun eine sehr simple, aber ungeheuer mächtige Übung verraten, mit der Sie innerhalb von wenigen Tagen lernen, Ihren Fokus und Ihre Gedanken zu kontrollieren und zu lenken, und mit der Sie gleichzeitig eine große innere Kraft aufbauen und Ihr Selbstvertrauen und Ihre Resilienz (Ihre psychische Widerstandskraft) stärken.

Ich empfehle Ihnen, diese Übung morgens und abends für jeweils 5-10 Minuten zu machen. Und zwar parallel zu den anderen 4 Schritten, die Sie in diesem Buch kennenlernen werden. Am besten Sie machen diese Übung ein Leben lang weiter... Denken Sie an den Muskel, der immer im Training bleiben muss, um leistungsfähig zu sein.

Setzen Sie sich bequem und mit aufrechtem Rücken im Schneidersitz auf einen harten Untergrund (z.B. auf einen Teppich), schalten Sie Ihr Telefon aus und schließen Sie die Augen. Atmen Sie ruhig ein und aus und beginnen Sie, Ihre Aufmerksamkeit auf Ihren Atem zu richten und ihn zu verfolgen, bis Sie innerlich ruhig werden.

Stellen Sie sich dann eine weiße Fläche vor. Sobald Gedanken, Bilder oder Erinnerungen auftauchen (was bei Anfängern in der Regel alle paar Sekunden geschieht), schieben Sie diese Gedanken und Bilder beiseite, bis die weiße Fläche vor Ihrem inneren Auge wieder frei ist.

Verlieren Sie die weiße Fläche niemals aus dem Blick. Geben Sie Ihre ganze Kraft und Ihre gesamte Konzentration, geben Sie wirklich alles, um Ihre weiße Fläche frei von Gedanken und Bildern zu halten, und vertreiben Sie alles, was darin auftaucht, als ginge es um Leben und Tod. Strengen Sie sich dabei wirklich an. Ja, Ihr „Brain-Workout“ darf ruhig etwas anstrengend sein, es ist ja nur für ein paar Minuten... Und wie bei einem Body-Workout im Fitnessstudio müssen Sie auch Ihren Konzentrationsmuskel bis an seine Grenzen bringen, um ihn aufzubauen.

Wenn Sie nach 5 oder 10 Minuten die Augen wieder öffnen (Sie können sich dafür einen Wecker stellen), werden Sie sich unmittelbar stärker, klarer, vollkommen präsent, in sich ruhend und mit sich verbunden fühlen. Und mit jeder Meditation nimmt diese Wirkung zu, da Ihre Konzentrationsfähigkeit immer stärker wird. Und damit auch Ihre Fähigkeit, Ihre eigenen Gedanken zu steuern.

Diese kleine, trivial klingende Übung – eine spezielle Form der Zen-Meditation - ist eine hoch effektive Methode, um Konzentration und Fokus zu schärfen und eine Verbindung zu unserem inneren Kern und unserer inneren Kraft herzustellen. Sie trainiert darüber hinaus unsere innere Widerstandskraft und unsere Fähigkeit, Abläufe selbst zu steuern und zu kontrollieren und bringt Sie dadurch mit sehr wenig Aufwand zurück in Ihre volle Schöpferkraft. Probieren Sie es aus!

Wahrscheinlich wird es Ihnen anfangs nicht möglich sein, sich 10 Minuten voll zu konzentrieren. Das ist kein Problem, steigern Sie sich dann einfach langsam. Beginnen Sie mit 4 oder 5 Minuten voll konzentrierter Meditation morgens und abends und steigern Sie sich jeden Tag um eine Minute. Wichtig ist aber, dass Sie in diesen Minuten wirklich alles geben und 100% konzentriert bleiben.

An Tagen, an denen Sie sehr müde oder gestresst sind, nehmen Sie sich nur 3 Minuten bei wirklich voller Konzentration, aber bleiben Sie ebenfalls zu 100% präsent, und kontrollieren Sie in diesen 3 Minuten Ihre Gedanken vollständig. Dadurch erzielen Sie eine größere Wirkung als mit 10 oder 20 Minuten halbherziger Meditation mit abschweifenden Gedanken.

Das Power-Ritual für eine hohe energetische Schwingung

Sie wissen nun, dass Sie über Ihre Gedanken und den Dominoeffekt, den diese auslösen, Ihre persönliche Realität erzeugen - und damit auch Ihren Schwingungszustand auf allen Ebenen. Und Sie lernen mit der Übung aus dem letzten Kapitel immer mehr, Ihre Gedanken zu steuern und Ihren Fokus zu schärfen und bewusst auf bestimmte Dinge zu richten und andere dagegen aus Ihrem Aufmerksamkeitsfeld zu vertreiben.

Dieses Wissen können Sie nun nutzen, um Ihre Schwingung bewusst anzuheben.

Wie das geht? Ganz einfach:

Verlieben Sie sich in das Leben!

Der Zustand höchster energetischer Schwingung, höchster Vibration, ist der Zustand der Verliebtheit! Dieser Zustand ist pure Freude! Und in genau diesen Zustand wollen wir Sie bringen...

Dafür brauchen Sie übrigens keinen Partner und auch keinen Flirt. Wir können uns nämlich in alles verlieben! Wir müssen uns nur dafür entscheiden und dann über das bewusste Lenken unseres Fokus die entscheidenden Gedanken und damit auch Gefühle und Körperschwingungen in uns herbeiführen.

Ihr neuer Zielzustand, ja Ihr dauerhafter „State of Mind“, darf und sollte ab heute dieser sein:

Sie sind Hals über Kopf verliebt in das Leben!

Um in diesen Zustand zu gelangen gibt es verschiedene Möglichkeiten. Ich werde Ihnen in diesem Buch dafür ein sehr wirkungsvolles, einfaches Power-Ritual vorstellen:

Ihre persönliche Glücksstunde!

Dieses Ritual führt Sie in den Zustand der Verliebtheit in das Leben und erhöht dadurch Ihre Schwingung ganz enorm und auch für Außenstehende wahrnehmbar.

Sie müssen dafür nur zwei Dinge tun:

Sie müssen das Ritual regelmäßig umsetzen. Und Sie müssen sich wirklich auf das intensive Gefühl von Freude einlassen, das es in Ihnen hervorrufen wird.

Glücklichsein und Freude, die in diesem Zustand zu Ihrem natürlichen Lebensgefühl werden, sind nämlich nicht von den Umständen und auch nicht vom Zufall abhängig, sondern von einer Entscheidung:

Von IHRER Entscheidung!

Ja, wir können und müssen uns entscheiden (!) für das Glücklichsein! Wir müssen uns dazu entscheiden, uns in das Leben zu verlieben!

Unsere Welt ist unendlich facettenreich und vielfältig.

Es gibt in JEDEM Augenblick - Montag morgen wenn wir müde ins Büro fahren ebenso wie Freitag nachmittag, wenn wir uns auf das Wochenende freuen - unzählige WUNDERBARE und großartige Elemente des Lebens, die wir BEMERKEN und uns anschauen können, oder die wir übersehen und ignorieren können.

Ebenso gibt es in JEDEM Augenblick unbeschreibliches Leid, große Gefahren und ernsthafte Probleme, in denen wir uns verlieren können - oder auch nicht.

Wenn wir eine klare ENTSCHEIDUNG treffen für das Glücklichsein, wenn wir gelernt haben, unseren Fokus auf die großartigen Elemente des Lebens - die IMMER da sind - zu richten und es auch tun, und wenn wir den Mut aufbringen, uns für das Gefühl der Freude innerlich zu öffnen, das sich dann einstellt, dann können wir nicht mehr anders, als in diesem Moment pures Glück zu spüren!

Ich möchte Sie dafür zu meinem Power-Ritual einladen:

Ihrer persönlichen Glücksstunde!

Nehmen Sie sich für dieses Ritual mindestens 2 Mal in der Woche zu einer festen Uhrzeit eine Stunde Zeit und tragen Sie Ihre Glücksstunde als festen Termin jetzt gleich in Ihren Kalender ein, um Zeit dafür zu blocken.

Ziehen Sie sich an einen ruhigen Ort zurück und machen Sie es sich bequem, wenn Sie mögen, genießen Sie dabei einen Kaffee oder ein anderes Getränk.

Nehmen Sie nun Ihre gesamte Konzentration zusammen und ENTSCHEIDEN Sie sich dazu, in dieser Stunde vor Glück nur so zu strahlen - OBWOHL nicht alles in Ihrem Leben perfekt ist und Sie womöglich Sorgen haben. Machen Sie sich bewusst dass JETZT – in diesem Moment – alles in Ordnung ist. Dass alles, worüber Sie sich Sorgen machen erst in der Zukunft auftreten wird oder auftreten könnte... JETZT GERADE ist alles gut. Sie leben. Sie atmen. Sie sind sicher. Machen Sie einen Deal mit sich selbst, dass Sie Ihre Sorgen und Probleme in dieser einen Stunde einfach einmal vergessen.

Beauftragen Sie nun Ihren Fokus, in dieser Stunde die großartigsten Elemente Ihres Lebens zu finden, zu erkennen und zu betrachten!

Vergessen Sie nicht, auch in Ihrem Inneren nach glücklich machenden Elementen zu schauen: Es kann zum Beispiel eine Quelle von unendlichem Glück sein zu erkennen, dass Sie die Fähigkeit haben, einen Menschen zu lieben oder einen Menschen glücklich zu machen, ohne irgendetwas von ihm zu brauchen - und dass Sie sich ganz alleine dazu entscheiden können. Ja, dass Sie in Wahrheit vollkommen frei sind... Niemand kann Sie daran hindern zu lieben!

Es kann ein ebenso großes Glücksgefühl hervorrufen zu erkennen, dass SIE Ihre Realität und Ihr Lebensgefühl selbst erschaffen und es selbst verändern können.

Öffnen Sie Ihr Herz für die Freude und halten Sie eine ganze Stunde lang ein Gefühl der intensiven Freude aus!

Das ist gar nicht so einfach, aber Sie sollten sich unbedingt daran gewöhnen! ☺

Wenn Sie sich wirklich auf diese Freude einlassen, wird sie Ihnen eine Kraft geben, die Sie durch die nächsten Tage tragen wird...Und noch bevor die Wirkung nachlässt, legen Sie wenige Tage später Ihre nächste Glücksstunde ein und laden sich erneut mit der hochschwingenden Energie der Verliebtheit und der puren Lebensfreude auf.

Und während die Menschen um Sie herum sich wie immer über den Montag und die lange Woche beschweren, verpasste Chancen beklagen oder über ihre Kollegen und Nachbarn jammern, leuchten Sie vor Freude und Glück über Ihr großartiges Leben!

Denn Sie sind den mutigen Schritt gegangen und haben sich aus den negativen Schwingungen gelöst, in denen so viele Menschen festhängen – Sie befinden sich jetzt auf einer neuen Ebene hoher energetischer Schwingung und purer (Lebens-) Freude! Und Sie sorgen mit Ihrem Power Ritual dafür, dass Sie von jetzt an auch dort bleiben...

An dieser Stelle möchte ich Ihnen einen kleinen Tipp geben:

Falls Sie merken, dass es Ihnen sehr schwer fällt, in diesen Zustand zu gelangen, oder es Ihnen fast unmöglich ist, kann das ein Hinweis dafür sein, dass Sie Ihre Gelassenheit noch etwas aufbauen sollten. Falls das für Sie ein Thema sein sollte, dann machen Sie sich keine Sorgen: Gelassenheit kann man lernen. Schauen Sie sich gerne dazu mein „Großes Buch der Gelassenheit“ an, dort lernen Sie alle nötigen Schritte zu bleibender Gelassenheit und innerer Ruhe.

Schritt 2 – Vorbereitung: So lösen Sie unbewusste innere Blockaden auf

Kommen wir nun aber zu dem eigentlichen Grund, warum Sie dieses Buch lesen.

Sie möchten Dinge in Ihrem Leben manifestieren, möchten etwas bekommen, sein, fühlen, haben oder erleben, das Ihnen im Moment noch fehlt und vielleicht sogar bisher unerreichbar für Sie schien.

Und Sie dürfen sich freuen!

Sie können die 5 Schritte Methode in diesem Buch für alles anwenden, was Sie sich wünschen. Sei es, zu heiraten, sich selbstständig zu machen oder Ihren Traumjob zu finden und zu bekommen, einen bestimmten Betrag Geld im Monat zu verdienen, ein bestimmtes Körpergewicht zu haben, ein ruhiges und stressfreies Leben zu führen, Ihren Seelenverwandten zu finden oder auch einen besten Freund, jeden Tag in das Leben verliebt zu sein, in Ihrer Traumwohnung zu leben und, und, und....

Lassen Sie uns deshalb jetzt konkret werden und zu Ihnen und Ihren Wünschen kommen:

Was wünschen Sie sich? Wonach sehnt Ihr Herz sich? Was möchten Sie in Ihr Leben holen?

Schreiben Sie es einmal in kurzen Stichpunkten auf.

An dieser Stelle habe ich eine gute und eine schlechte Nachricht für Sie:

Die schlechte zuerst: Es gibt zwei Gründe warum Sie das, was Sie sich wünschen, heute noch nicht in Ihrem Leben haben:

Erstens:

Sie wissen (noch) nicht genau, was Sie wollen, und konnten beim Universum deshalb noch keine klare „Bestellung" aufgeben. Sie haben also noch keinen ganz konkreten, klaren Wunsch formuliert, für den Sie ein bedingungsloses inneres JA spüren.

Und zweitens:

Sie wissen zwar genau, wonach Sie sich sehnen, aber Sie haben unterbewusst Angst davor, es zu bekommen. In diesem Fall sendet Ihr Unterbewusstsein beim ersten Gedanken an Ihren Wunsch sofort innere Warnungen an Ihr gesamtes System aus. Ihre Gedanken, Gefühle, Ihre Körperempfindung und Ihre Wahrnehmungs- und Urteilsfähigkeit werden verändert, und auch Ihre Handlungen verändern sich dadurch entsprechend. Sie sabotieren, ohne es zu merken und zu wollen, Ihren eigenen Wunsch, damit er sich in Ihrem Leben nicht manifestieren kann. Aus Sicherheitsgründen...

Dieser innere Sabotageprozess (der in Wahrheit das Ergebnis eines Warnungsprozess Ihres Unterbewusstseins an Sie ist) spielt sich in den meisten Fällen unbewusst und automatisch ab, sodass Sie ihn nicht bemerken und so auch nicht steuern können. Aber keine Sorge: In diesem

Buch werden wir Ihren Sabotage-Prozess aufdecken und gemeinsam stoppen.

Und nun die gute Nachricht:

Ihr Unterbewusstsein wird Sie nicht mehr von dem abhalten, was Sie sich wünschen, sobald Sie sich einmal ernsthaft mit seinen (möglicherweise berechtigten) Sorgen auseinander gesetzt, sie realistisch aus heutiger Sicht eingeschätzt und neu bewertet haben.

Deshalb möchte ich in diesem zweiten Schritt mit Ihnen eine kleine Unterhaltung mit Ihrem Unterbewusstsein führen, um heraus zu finden, was Ihnen in Wahrheit Sorgen macht und wovor Sie wirklich Angst haben, falls sich Ihr Wunsch realisieren sollte. So können wir herausfinden, ob Ihre Sorge in Ihrer aktuellen Situation noch berechtigt ist oder nicht...

Wir werden in diesem zweiten Schritt also Ihren persönlichen Sabotageprozess aufdecken und ihn uns einmal genauer ansehen, damit Sie verstehen und erkennen, warum Sie bisher nicht das bekommen haben, was Sie sich wünschen. In den kommenden Kapiteln werden wir ihn – und damit auch Ihre inneren Blockaden - dann Schritt für Schritt auflösen...

Unser Unterbewusstsein ist sehr weise. In jeder Sekunde unseres Lebens strömen unzählige Reize und Eindrücke aus unserer Umwelt auf unsere Sinnesorgane ein, von denen nur 7 pro Sekunde in unser Bewusstsein gelangen, also von uns bewusst wahrgenommen werden. Der Rest wird zwar von unserem Bewusstsein gefiltert (also nicht wahrgenommen), er wird jedoch in unserem Unterbewusstsein als Information abgespeichert.

Unser Unterbewusstsein hat dadurch im Laufe unseres Lebens eine enorm große Lebenserfahrung sammeln können, die sehr viel größer ist als die unseres bewussten Verstandes. Es verknüpft jede Informationen, die es erhält, mit dem Gefühl, das wir in dem Moment gefühlt haben, als wir dem Reiz ausgesetzt waren, und legt die Information in der Verknüpfung mit dem Gefühl (sozusagen als Kombipaket aus Reiz, Information oder Gedanke plus einem Gefühl) ab. Dadurch entstehen unbewusste Konditionierungen, die wir alle kennen und denen wir alle unterliegen:

Wir riechen einen Duft, und sofort fühlen wir uns warm und wohlig oder aber auch unwohl oder unruhig, weil der Duft in unserem Unterbewusstsein immer noch mit dem Gefühl verknüpft ist, das wir gefühlt haben, als wir diesen Duft zum ersten Mal gerochen haben. Oder wir sehen einen bestimmten Gegenstand oder denken an ihn (auch der bloße GEDANKE an etwas stellt einen Reiz dar und kann alte Konditionierungen aktivieren), und sofort zieht sich unser Magen zusammen und wir fühlen uns unwohl.

Diese Verknüpfung von Reizen (Sinneswahrnehmungen oder Gedanken) und einem dazugehörigen Gefühl ist sinnvoll, um uns schnell handlungs- und entscheidungsfähig zu machen. Unser Unterbewusstsein schaltet sich ein und warnt: Das ist gefährlich, lass die

Finger davon. Oder auch: Hier bist Du sicher, hier kannst Du Dich entspannen...

Doch dieser Mechanismus greift auch dann, wenn wir heute an etwas denken, das wir uns wünschen. Wenn wir irgendwann in unserem Leben einmal die Erfahrung gemacht oder bei anderen beobachtet haben, dass diese Sache gefährlich sein oder große Nachteile mit sich bringen kann, dann haben wir einen negativen Glaubenssatz darüber gebildet (wir glauben: in Wahrheit ist diese Sache gefährlich für uns, wir dürfen sie zu unserem Schutz nicht zulassen, denn wenn wir uns darauf einlassen, sind wir nicht mehr SICHER). Und wir haben eine Konditionierung in uns gebildet, die auf den Gedanken an das, was wir uns wünschen, sofort ein Gefühl von Unruhe, Unwohlsein, ja vielleicht sogar einen Fluchtreflex in uns hervorruft – und uns so daran hindert, uns unserem Wunsch ernsthaft zuzuwenden und uns für ihn zu öffnen.

Solange wir unseren Wunsch unbewusst als gefährlich einstufen (und die entsprechenden Glaubenssätze und Konditionierungen dazu in uns noch aktiv sind), wird es uns nahezu unmöglich sein, uns wirklich für unseren Wunsch zu öffnen und ihn zuzulassen.

Der erste Schritt, um aus diesem Sabotageprozess auszusteigen, ist zu verstehen, dass unsere Glaubenssätze und Konditionierungen heute gar nicht mehr unsere besten Ratgeber sein müssen. Sie sind im Laufe unseres gesamten Lebens entstanden. Und inzwischen sind wir in einer vollkommen anderen Situation und Umgebung und unsere Möglichkeiten, mit Dingen, Situationen und Menschen umzugehen, haben sich sehr wahrscheinlich im Vergleich zu damals stark verändert – ebenso wie unsere Bedürfnisse.

Deshalb sollten wir uns auch einmal anschauen, ob die Reaktion Ihres Unterbewusstseins (IHRE persönliche Konditionierung und IHRE Glaubenssätze) zu dem, was Sie heute in Ihrem Leben manifestieren wollen, in Ihrer AKTUELLEN Situation überhaupt noch berechtigt und sinnvoll für Sie ist oder nicht. Und dafür müssen wir sie natürlich erst einmal an die Oberfläche Ihres Bewusstseins bringen.

Und genau das wollen wir jetzt tun:

Ich möchte Sie einladen, sich in Bezug auf Ihren Wunsch, den Sie mit diesem Buch manifestieren wollen, die folgenden Fragen zu stellen und schriftlich in Form von kurzen Stichpunkten zu beantworten.

Schreiben Sie immer ganz schnell die erste Antwort auf, die Ihnen in den Kopf kommt ohne darüber nachzudenken (und zwar wirklich nur ein kurzes Stichwort, um Ihrem Verstand nicht die Möglichkeit zu geben, während des Schreibens darüber nachzudenken).

Wenn Sie gerne mehrere Dinge manifestieren möchten, dann gehen Sie nacheinander jeden Ihrer Wünsche durch und beantworten dazu die Fragen.

Lesen Sie dafür den folgenden Text wie eine Unterhaltung, die Sie an Ihr Unterbewusstsein richten, wie an einen guten Freund in der Hoffnung auf Antworten, und füllen Sie die freien Stellen mit dem aus, was Ihnen als erstes in den Kopf kommt:

Liebes Unterbewusstsein,

ich wünsche mir so sehr ....zu haben. Aber es muss dabei Gefahren geben, die ich nicht sehen kann. Ich möchte sie herausfinden und bin bereit, sie mir anzuschauen. Bitte hilf mir und sage mir, was mit mir und meinem Leben passieren wird, wenn ich ... habe.

Wie wird es meinen Alltag verändern, wenn ich ... habe? (erste Antwort notieren die Ihnen in den Kopf kommt)

Wird es sicher für mich sein, wenn ich ... habe? (erste Antwort notieren die Ihnen in den Kopf kommt)

Was spricht dafür, besser kein ... zu haben?

Welche Sicherheit werde ich verlieren, wenn ich ... habe?

Was droht mir, wenn ich ... habe?

Was wird in meinem Leben schwerer werden, wenn ich ... habe?

Was werde ich verlieren, wenn ich ... habe?

Was werde ich bekommen wenn ich ... habe, das ich danach wieder schmerzlich verlieren könnte?

Welche Verantwortung lastet auf mir, wenn ich ... habe?

Welche Verpflichtung gehe ich ein, wenn ich ... habe?

Was würden die Anderen denken, wenn ich ... habe?

Was muss ich tun, wenn ich ... habe? (um was muss ich mich kümmern? Was muss ich geben?)

Warum kann es für mich besser sein, ... nicht zu haben?

Habe ich ... verdient?

Wer muss ich sein, um ... zu verdienen?

Was muss ich an die Welt geben, um ... zu verdienen?

Sehen Sie sich nun Ihre Stichpunkte einmal in Ruhe an. Erkennen Sie, was Ihre größte Angst ist, wenn Sie Ihren Wunsch tatsächlich manifestieren würden? Sehen Sie einen roten Faden in Ihren Antworten? Nehmen Sie sich eine Weile Zeit und machen Sie sich klar, was die größten zwei bis drei Sorgen Ihres Unterbewusstseins in Bezug auf Ihren Wunsch sind und schreiben Sie diese auf, um Sie sich besser einzuprägen.

Und nun möchte ich Sie dazu einladen, eine Entscheidung zu treffen. Zerdenken Sie diesen Prozess nicht, sondern sehen Sie sich die wesentlichen Einwände an, die Ihnen Ihr Unterbewusstsein GEGEN das Erfüllen Ihres großen Wunsches geliefert hat und treffen Sie ebenso blitzschnell und ohne Nachdenken aus dem Bauch heraus die Entscheidung:

Möchte ich dieses Risiko eingehen?

Ja oder nein?

Wenn die Antwort nein lautet, dann müssen Sie Ihren Wunsch trotzdem nicht verwerfen. Die nächsten Kapitel

(Schritte 3-5) werden Ihnen helfen, Ihre inneren Blockaden aufzulösen. Ich empfehle Ihnen aber ganz gleich, ob Ihre Antwort ja oder nein lautet, die Übungen in den nächsten Schritten sorgsam durchzugehen und umzusetzen, um sich selbst wirklich bereit zu machen für Ihren Wunsch.

Schritt 3: Ein Ziel setzen

So formulieren Sie Ihr Ziel richtig

Wir werden nun Ihren Wunsch als konkretes Ziel formulieren und damit sozusagen Ihre Bestellung beim Universum aufgeben. Anschließend werden wir uns den Blockaden in Ihnen, Ihren hemmenden Glaubenssätzen, zuwenden, die wir im letzten Kapitel ausfindig gemacht haben und die Sie am Erreichen Ihres Ziels hindern wollen, und werden diese im Laufe des Prozesses während der Schritte 3-5 an der jeweils richtigen Stelle Stück für Stück auflösen.

Lassen Sie uns nun also Ihre persönliche Bestellung beim Universum aufgeben.

Es gibt es ein paar Grundsätze, die Sie beachten sollten, wenn Sie Ihren Wunsch oder Ihr Ziel formulieren:

Formulieren Sie Ihr Ziel schriftlich, in der Gegenwart und positiv formuliert, also ohne Verneinungen. UND: Versehen Sie jeden Wunsch mit einem Datum, an dem er Wirklichkeit geworden ist.

Ganz entscheidend ist zudem, dass Sie es KONKRET und ganz spezifisch formulieren:

Stellen Sie sich vor, Sie füllen ein Bestellformular aus an jemanden, der sich noch nie mit Ihrem Wunsch auseinander gesetzt hat... Wie müssten Sie Ihre Bestellung formulieren, damit er genau versteht, was Sie wollen, und Ihnen die richtige Ware liefern kann? Seien Sie an dieser Stelle klug und überlassen Sie es dem Universum, Ihnen eventuell auch etwas noch Besseres zu liefern, als Sie sich wünschen.

Schreiben Sie also nicht: Ich wünsche mir eine Traumwohnung...

Sondern schreiben Sie: Ich lebe ab dem X.X.20XX in meiner persönlichen 80 Quadratmeter Traumwohnung mit Dachterrasse, sonnendurchfluteter Küche und einer riesigen Badewanne in einer ruhigen Straße im Viertel X der Stadt X oder in einer noch besseren Wohnung.

Schreiben Sie auch nicht: Ich möchte viel Geld verdienen. Sondern schreiben Sie:

Ich verdiene ab dem X.X.20XX in meinem Beruf als... pro Monat ... Euro oder mehr in einer Firma, in der ich es liebe, Montags in mein Büro zu kommen und meinen Job zu machen und in der ich mich jeden Morgen auf meine Kollegen freue und mich absolut blendend mit meinem Chef verstehe!

Legen Sie dieses Buch für einen Moment zur Seite und schreiben Sie jetzt gleich einmal Ihre Ziele und Wünsche auf diese Art und Weise auf.

Später werden wir uns im Kapitel „Muss ich nur visualisieren oder auch ins Handeln kommen?“ anschauen, ob es ausreicht, uns unseren Wunsch nur vorzustellen oder ob wir dafür auch etwas TUN müssen.

Wie Ihre Glaubenssätze Sie davon abhalten, sich ein attraktives Ziel zu setzen

Wenn Sie über Ihr Ziel nachdenken, über etwas, das Sie sich womöglich schon lange wünschen und es vielleicht bisher noch nie verwirklichen konnten, dann schaltet sich oftmals auch an dieser Stelle sehr schnell wieder Ihr Unterbewusstsein ein.

Es wird Ihre gedankliche Ausrichtung auf Ihr Ziel in vielen Fällen sabotieren – um Sie vor Enttäuschung und Gefahren zu bewahren! Das kann Ihnen auch jetzt passieren, während Sie Ihr Ziel aufschreiben wollen, denn Ihre sabotierenden Glaubenssätze zu kennen, hält sie noch nicht davon zurück, in Ihnen aktiv zu werden.

Wir müssen uns also darauf einstellen, dass unser Verstand uns auch bei der genauen Zielsetzung ein wenig in die Quere kommen wird.

Oft meldet er sich spätestens dann, wenn wir damit beginnen, uns vorzustellen, wie unser Ziel genau aussehen sollte mit unterbrechenden und entmutigenden Gedanken (Glaubenssätzen) wie „Das klappt sowieso nie", „Bleib doch besser auf dem Teppich", „Du wirst Dir selbst nur große Enttäuschungen einfangen, wenn Du so unrealistisch träumst", „So ein Quatsch" oder auch „Das kann jemand wie Du nicht bekommen", „Bleib realistisch", „So etwas Schönes hast Du nicht verdient!", „Das wäre sehr egoistisch", „Denk doch mal an die Anderen…", „Dafür bist Du nicht gut genug" und… und… und…

Wir werden durch solche Gedanken sofort entmutigt und die Wahrscheinlichkeit ist groß, dass wir bereits in diesem Stadium der Zielfindung – noch bevor wir überhaupt beginnen, unser Ziel zu visualisieren – wieder aufgeben und es sein lassen.

Wenn es Ihnen auch so geht und Ihnen diese oder ähnliche Gedanken die Motivation und den Glauben an Ihr Ziel rauben und Sie entmutigen, dann müssen Sie sich keine Sorgen machen. Sie sind kein besonders schwerer Fall, sondern Sie sind ganz normal!

Entscheidend für Ihren Erfolg ist nun einzig und allein, ob Sie das Stop-Schild Ihres Unterbewusstseins akzeptieren und sich wieder in Ihrer gewohnten Welt einigeln oder ob Sie sich Ihren inneren Blockaden stellen, Ihnen die Stirn bieten und sich dafür entscheiden, sie zu überwinden.

Falls Sie sich dazu entscheiden, Ihre Blockaden zu überwinden, dann möchte ich Sie dazu einladen, 5 Tage lang ein kleines Programm umzusetzen, das ich Ihnen gleich vorstellen werde und mit dem Sie Ihre persönlichen Blockaden in der Zielfindungsphase auflösen oder deutlich mindern können.

Zunächst aber möchte ich Ihnen, aufbauend auf dem, was Sie bereits in Kapitel 2 erfahren haben, noch genauer und noch weiter in die Tiefe gehend erklären, was diese Blockaden genau sind, die in der Phase der Zielfindung in Ihnen aktiv werden, wie sie in Ihnen entstanden sind und wie Sie sich auflösen lassen.

Bei dieser Form von Blockaden handelt es sich um bewusste oder unbewusste Glaubenssätze, die nun an die Oberfläche treten und uns „warnen", unser Ziel sei für uns unerreichbar oder aber es könne uns nicht gut tun und wir könnten womöglich nicht damit umgehen. Soviel wissen Sie bereits.

Aber sind solche Glaubenssätze vielleicht doch berechtigt? Sind sie sinnvolle Warnzeichen, die uns schützen wollen und auf die wir hören sollten? Haben unsere Glaubenssätze möglicherweise doch recht?

Die Antwort lautet: Nur wenn wir das zulassen!

Denn unsere Glaubenssätze sagen uns nichts über uns, unsere wahren Fähigkeiten, unser Potenzial oder unseren Wert aus, sondern sie sagen etwas aus über unsere Erfahrungen in der VERGANGENHEIT, die wir entweder selbst gemacht oder bei anderen beobachtet haben und die so unser Weltbild geformt haben.

Mit anderen Worten: Ihre Glaubenssätze haben nur sehr wenig mit IHNEN und Ihrer heutigen Realität zu tun! Sie müssen ihnen deshalb nicht alles glauben und sollten sich auch nicht auf sie verlassen.

Lassen sie uns an dieser Stelle noch einen kurzen Ausflug in die Welt der Glaubenssätze machen, bevor ich Ihnen das 5 Tage Praxisprogramm vorstelle, mit dem Sie Ihre Blockaden in der Zielsetzungsphase – Ihre persönlichen blockierenden Glaubenssätze – überwinden können.

So befreien Sie sich von hemmenden (auch unbewussten) Glaubenssätzen

Glaubenssätze sind innere Überzeugungen (also auch Erwartungen) über uns, die Welt, andere Menschen, oder bestimmte Ursache-Wirkungszusammenhänge und sie sind entscheidend mit verantwortlich dafür, wieviel wir uns in einem Bereich selbst zutrauen. Sie begrenzen unsere persönliche Welt, denn sie bestimmen, was wir in unserer persönlichen Welt ganz subjektiv für uns für möglich halten und was wir unbewusst oder bewusst für unmöglich oder nicht erreichbar halten und was wir glauben, was uns zusteht.

Und fast immer, wenn wir uns etwas wünschen oder etwas manifestieren wollen (das objektiv erreichbar ist und von anderen Menschen auch bereits gelebt wird), dann sind unsere sabotierenden, limitierenden Glaubenssätze (unsere persönlichen inneren Blockaden) schuld daran, dass wir diese Sache oder diese Situation bisher noch nicht in unserem Leben manifestiert haben.

Unsere Glaubenssätze sind stark und wirken, wie Sie bereits wissen, oft unterbewusst. Wir kommen nicht an ihnen vorbei, wenn wir unsere Wünsche manifestieren wollen. Doch keine Sorge, Glaubenssätze müssen keineswegs in jahrelanger Therapie oder mühsamer Eigenarbeit an die Oberfläche geholt und verändert werden. Es gibt einen einfachen und pragmatischen

Ansatz, nach dem Sie vorgehen können und den Sie in diesem Buch kennen lernen werden.

Sehen wir uns zunächst aber einmal an, wie Glaubenssätze ganz allgemein verändert werden können. Dieses Wissen wird Ihnen für Ihr gesamtes Leben in Zukunft sehr nützlich sein, denn Sie können es auf ALLE negativen Glaubenssätze über sich selbst, andere Menschen und das Leben anwenden.

Jeder Mensch hat Glaubenssätze, und bei jedem Menschen sind sie unterschiedlich. Unsere Glaubenssätze sind durch bestimmte Erfahrungen in uns entstanden, die wir entweder selbst gemacht, oder bei anderen beobachtet oder übernommen haben und sie lassen sich nicht durch bloßes positives Denken ändern. Wir können Glaubenssätze auch nicht wegdenken, ignorieren oder uns von ihnen frei machen. Wir können sie aber durch neue, positive Glaubenssätze ersetzen.

Wenn Sie zum Beispiel davon überzeugt sind, keine Vorträge halten zu können, weil Sie in der Vergangenheit immer wieder diese Erfahrung gemacht haben, dann wird es Ihnen nichts nutzen, sich vor dem nächsten Vortrag 10 Mal selbst zu sagen, dass Sie gute Vorträge halten. Ihr Verstand wird Ihnen das – zu recht - nicht glauben, denn er hat genügend Gegenbeweise gesammelt. Was Sie stattdessen tun müssen, ist, andere, positive Erfahrungen zu sammeln! Nur solche neuen „Beweise“ werden unsere Überzeugungen dauerhaft ändern und die alten Überzeugungen ersetzen können.

Wie aber können wir positive Erfahrungen sammeln, wenn wir nun mal keine Vorträge halten können? Nun, am besten in Situationen, in denen die Anforderungen deutlich niedriger sind als normalerweise. Zum Beispiel, indem wir statt vor dem wichtigsten Kunden unserer Firma einen kleinen Vortrag auf einem Familienfest oder einer Hochzeit im Kreise von Freunden halten oder ähnliches.

Auf diese Weise können Sie natürlich nicht nur Ihre Glaubenssätze über Ihre Fähigkeit, Vorträge zu halten, verändern, sondern auch alle anderen. Es geht darum, aktiv neue positive ERFAHRUNGEN zu sammeln, die NEUE, POSITIVE Glaubenssätze in Ihnen entstehen lassen.

Sorgen Sie dafür, dass Sie sich in Situationen üben, in denen die Wahrscheinlichkeit, dass Sie Erfolg haben, sehr groß ist, und vermeiden Sie vorübergehend schwierige Situationen, um sich vor schlechten Erfahrungen zu schützen. Beobachten Sie außerdem, wie die Menschen, die das gut können, was Sie lernen wollen, genau vorgehen, und erkunden Sie deren Erfolgsrezept, um es selbst bei jedem neuen Versuch ein wenig mehr anzuwenden.

Mit jeder positiven Erfahrung steigt Ihr Selbstvertrauen ein Stück weiter, was die Wahrscheinlichkeit eines neuen Erfolgs ebenfalls weiter erhöht. So können Sie den „Schwierigkeitsgrad“ langsam steigern, und wenn Sie genügend positive Erfahrungen (Beweise) gesammelt haben, werden Ihre negativen Glaubenssätze durch neue, positive ersetzt und Ihre Erwartungen damit automatisch korrigiert sein.

Kommen wir nun aber zurück zu Ihnen und Ihrem persönlichen Ziel, das Sie mit diesem Buch manifestieren möchten.

Zunächst einmal ist es sehr wichtig zu verstehen, dass Möglichkeiten sich ÄNDERN können und Neues möglich werden kann! Auch in Ihrem Leben.

Wir neigen dazu, von unserer Vergangenheit auf unsere Zukunft zu schließen, nicht nur was unser Leben und unsere Möglichkeiten darin angeht, sondern auch was uns selbst angeht. Wir glauben, das was in der Vergangenheit möglich war, ist auch in unserer Zukunft möglich. Und das, was bisher nie möglich war, wird auch in Zukunft nicht oder nur unter schwerster Anstrengung möglich sein.

Der größte Feind unserer eigenen Entwicklung ist das sogenannte *statische Selbstbild*. Dabei handelt es sich um einen Glaubenssatz, mit dem wir das Bild, das wir von uns selbst haben, für gegeben und für unveränderbar halten. Wir glauben dann Dinge wie „Ich bin eben so“, „Ich mache das eben so“, „ich kann das nicht so gut“…“das könnte ich nie…“, „das würde mir nie passieren…“ Das sind tief verankerte Glaubenssätze, die es uns stark erschweren, neue Dinge in unser Leben zu ziehen und von denen wir uns verabschieden dürfen.

Ich bin… Ich kann… Ich kann nicht.. sind typische Worte, die ein Mensch mit einem statischen Selbstbild wählt.

Dem entgegen steht das dynamische Selbstbild. Ein Selbstbild, bei dem wir davon ausgehen (also den Glaubenssatz haben), dass es Prozesse gibt, mit denen wir Dinge, Systeme und auch uns selbst, unseren Körper und unsere Persönlichkeit entwickeln können. Dass wir, unser Charakter und unsere Fähigkeiten also verändert und bewusst von uns geformt werden können, wenn wir der Sache nur genügend Zeit, Geduld, Hingabe und vor allem Hartnäckigkeit und konsequentes Handeln schenken.

Und genau an diesem Punkt, an dem Sie jetzt gerade stehen, an dem Sie ein großes Ziel für sich und Ihr Leben formulieren und anschließend verwirklichen wollen, ist es notwendig, dass Sie sich von Ihrem alten statischen Selbstbild verabschieden und damit den Glaubenssatz loslassen, Sie SEIEN so und so...

Sie SIND nicht so und so... Sie haben sich vielleicht bisher häufig so und so VERHALTEN... Sie FÜHLEN vielleicht momentan oft so und so... Sie DENKEN und URTEILEN momentan so und so... Sie BEHERRSCHEN momentan dieses und jenes gut oder noch nicht so gut... Doch all das können Sie verändern!

Werden Sie ein neuer Mensch – werden Sie der Mensch, der kein Problem mehr damit hat, das zu leben und zu fühlen, was Sie leben, erleben, haben und fühlen wollen, wenn Sie Ihr großes Ziel erreicht haben! Für den es selbstverständlich und vor allem ganz leicht ist, so zu leben.

Ändern Sie also Ihre negativen, hemmenden und blockierenden Glaubenssätze über sich selbst, lassen Sie Ihr altes statisches Selbstbild hinter sich und erfinden Sie sich noch einmal neu!

Wie, zeige ich Ihnen jetzt:

Praxisprogramm: Wie Sie in 5 Tagen innere Blockaden überwinden und sich jedes Ziel setzen können, das Sie glücklich macht

Schreiben Sie folgende Sätze handschriftlich auf ein Blatt Papier oder in ein Notizbuch:

Ich habe eine Entscheidung getroffen:

Ich bin ab heute nicht mehr der, der ich die letzten X Jahre war (setzen Sie hier bitte Ihr Alter ein). Ich beginne jetzt meine zweite Lebensphase: die Lebensphase der Fülle! Und in der ist ALLES möglich, was ich mir wünsche. Ich werde jetzt ein neuer Mensch.

Natürlich durchleben wir alle viele verschiedene Lebensphasen und Sie haben sicher auch bereits mehr als eine Lebensphase durchlebt. Dennoch empfehle ich Ihnen, die jetzt beginnende Phase als Ihre zweite Lebensphase zu bezeichnen und auch als solche anzuerkennen, denn das signalisiert Ihrem Verstand, dass das, was nun kommt, anders werden darf als alles, was Sie bisher erlebt haben und waren, dass nun die Karten noch einmal neu gemischt werden und wieder alles möglich ist. Dass die Dinge in Ihrem Leben nun völlig anders werden können als alles, was Sie bisher erlebt haben – auch wenn Sie bereits 80 sind!

Notieren Sie bitte nun darunter 5 Eigenschaften, wie Sie in Ihrer heute beginnenden neuen Lebensphase SIND! Damit wollen wir beginnen, ein neues Selbstbild von Ihnen zu erschaffen. Dinge, wie Sie gerne sein möchten, Dinge, die Sie glauben sein zu müssen, um das zu bekommen, was Sie sich wünschen:

Z.B. Ich bin offen und herzlich

Ich bin hübsch

Ich bin geduldig

Ich bin charmant

Ich bin stark

Ich bin fokussiert

Ich bin entschlossen...

Und nun tun Sie 5 Tage lang das Folgende:

Lesen Sie jeden Morgen gleich nach dem Aufwachen und jeden Abend vor dem Zubettgehen Ihren Entscheidungssatz und Ihre neuen 5 Eigenschaften durch und lassen Sie sie als positive Affirmation für einige Sekunden mit geschlossenen Augen in sich wirken.

Sammeln Sie parallel dazu 5 Tage lang JEDEN TAG einen kleinen Beweis dafür, dass Sie genau diese 5 Eigenschaften bereits haben! Dass Sie bereits der Mensch SIND, der ganz automatisch das anziehen MUSS, was Sie sich wünschen. Verhalten Sie sich auch in diesen 5 Tagen bewusst genauso und achten Sie darauf, dass Sie in dieser Eigenschaft von Anderen wahrgenommen werden - und beobachten Sie die Reaktionen.

Ein kleiner Tipp an dieser Stelle:

Halten Sie sich in diesen 5 Tagen und auch langfristig soweit möglich von Menschen fern, die in Ihnen etwas anderes sehen als das, was Sie ab jetzt sein wollen, und die Ihnen Ihre neuen 5 Eigenschaften nicht zugestehen wollen, denn diese Menschen werden Ihr neues Selbstbild, das gerade zu Beginn wie eine zarte Pflanze gehegt, gepflegt und beschützt werden muss, ohne es zu wollen, beschädigen oder gar zerstören.

Schreiben Sie jeden Abend für jede Ihrer 5 neuen Eigenschaften auf, welcher Beweis dafür spricht, dass Sie genau so sind (in welcher Situation Sie sich heute so verhalten haben) und welche Reaktionen Sie daraufhin von anderen Menschen erhalten haben.

Beachten Sie, dass es bei dieser Übung nur um EIGENSCHAFTEN geht, die Sie gerne hätten und die Ihnen helfen werden, das zu erreichen, was Sie sich wünschen.

Der Trick dabei ist:

Wenn Sie allmählich beginnen zu erkennen, dass Sie tatsächlich genau so ein Mensch sein können und wenn Sie beginnen, sich zu verändern und sich gemäß Ihrem neuen Selbstbild zu verhalten, dann wird sich der hemmende Glaubenssatz in Ihnen auflösen, der Ihnen weismachen wollte, Sie könnten Ihr Ziel nicht erreichen, weil Sie nicht gut genug oder nicht „der Typ“ dafür seien...

Nach den 5 Tagen können Sie nun erneut Ihr Notizbuch zur Hand nehmen und Ihr persönliches Ziel formulieren. Schreiben Sie zu Beginn:

„Meine zweite Lebensphase hat begonnen. Ich bin jetzt ....“ Und listen Sie hier Ihre 5 neuen Eigenschaften auf.

Formulieren Sie darunter nun Ihr persönliches Ziel, das Sie mit dem Gesetz der Anziehung manifestieren wollen.

Schriftlich, in der Gegenwart formuliert, positiv formuliert und so detailreich wie möglich, wie zu Beginn des Kapitels beschrieben. Schreiben Sie auch auf, wie Sie sich in dieser Situation fühlen werden.

Wenn Sie das 5 Tage Programm konsequent für alle Ihre neuen 5 Eigenschaften umgesetzt und Beweise dafür gesammelt haben, dass Sie bereits so SIND, wie Sie sein wollen und wie Sie sein müssen, um Ihren Wunsch leben zu können und damit gezielt einen neuen Glaubenssatz über sich selbst gebildet haben, dann werden Sie merken, dass es Ihnen nun viel leichter fallen wird, Ihr Ziel zu formulieren und sich Ihr Ziel bei der Formulierung auch erstmals im Detail vorzustellen.

Schritt 4: Ihr Ziel visualisieren

Wie Sie richtig visualisieren

Sie haben nun Ihr Ziel genau formuliert und klar vor Augen. Sie wissen, was Sie wollen.

Wir kommen nun zum nächsten und wichtigsten Schritt, um Ihr Ziel zu erreichen und Ihren Wunsch Wirklichkeit werden zu lassen. Dem regelmäßigen Visualisieren – also dem genauen gedanklichen Vorstellen – Ihres Ziels.

Aber wie visualisiert man eigentlich ein Ziel oder einen Wunsch? Was muss man dabei beachten, damit er sich auch erfüllt? Und was kann ich tun, wenn in meinem Kopf einfach keine Bilder von meinem Ziel auftauchen wollen?

Viele Menschen setzen sich beim Visualisieren unter Druck oder haben Angst etwas falsch zu machen, vor allem dann, wenn es nicht sofort klappt.

Ich möchte Ihnen zunächst einmal Ihre Sorge nehmen:

Jeder Mensch kann visualisieren! Und die „Blockade“, die manche Menschen dabei verspüren, hat einen ganz bestimmten Grund, für den ich Ihnen in diesem Kapitel eine Lösung zeigen werde.

Entspannen Sie sich also ruhig und vertrauen Sie Ihrer Fähigkeit, zu visualisieren. Denn wie bei jeder Fähigkeit gilt auch hier:

Wenn wir nicht darin geübt sind, so dürfen wir ruhig etwas geduldig mit uns selbst sein. Eine Fähigkeit baut man auf durch regelmäßiges Training... Und je öfter wir trainieren, desto besser und leichter klappt es. Das ist ganz normal.

Stellen Sie sich ein Kind vor, das gerade laufen lernt und dabei immer wieder hinfällt. Würden Sie diesem Kind sagen: Ach, das hat keinen Sinn. Du kannst offenbar einfach nicht laufen, lass es gut sein und bleib einfach sitzen... ? Natürlich nicht! Das Kind fällt so oft hin und versucht es wieder, bis es laufen kann. Eine Alternative gibt es nicht. Und genauso sollten Sie beim Visualisieren vorgehen:

Tun Sie es jeden Tag immer und immer wieder, bis es langsam, aber sicher beginnt zu klappen und Sie in das entsprechende Gefühl, in die Schwingung, kommen, die wir in Ihnen erzeugen wollen, um Ihren Wunsch in Ihr Leben zu ziehen.

Wenn Sie also feststellen sollten, dass Sie bei den ersten Versuchen Schwierigkeiten mit dem Visualisieren haben, dann ist das nicht ein Grund damit aufzuhören, sondern es ist ein Grund, damit anzufangen!! Ja genau, mit dem Üben anzufangen. Denn Sie müssen Ihre Fähigkeit zu visualisieren erst aufbauen.. Von nichts kommt nichts ☺

Aber wie visualisiert man nun richtig? Also so, dass Sie auch wirklich das in Ihr Leben ziehen, was Sie sich wünschen?

Dafür gibt es nur ein einziges, aber ganz entscheidendes Kriterium, auf das Sie achten sollten. Wenn Sie diese eine Sache beachten und mit etwas Übung auch hervorrufen, dann wird Ihr Visualisierungsritual alle Fülle in Ihr Leben ziehen, die Sie sich nur vorstellen können.

Sie werden gleich erfahren, was diese eine Sache ist. Zunächst eine kleine allgemeine Anleitung zum Visualisieren:

Machen Sie sich das Visualisieren zu einem kleinen, täglichen Ritual.

Nehmen Sie sich jeden Morgen oder Abend ein paar Minuten Zeit, in denen Sie ungestört sind, und schalten Sie Ihr Telefon aus.

Sie können im Liegen oder auch im Sitzen visualisieren. Ich persönlich visualisiere im Sitzen, da ich im Liegen manchmal einschlafe.

Schließen Sie die Augen, verfolgen Sie eine Weile lang Ihren Atem und lassen Sie sich in den Rhythmus Ihres Atems fallen, bis Sie innerlich ruhig werden. Sie können dann rückwärts von 10 bis 1 zählen.

Denken Sie nun an Ihr Ziel, das Sie sich aufgeschrieben haben, und stellen Sie sich vor, Sie wären jetzt bereits in genau dieser Situation.

Sehen Sie sich selbst, Ihre Umgebung und andere Menschen, falls sie Teil Ihrer Vision sind, genau vor sich, hören Sie die Stimmen, nehmen Sie die Details Ihrer

Umgebung wahr, riechen Sie die Gerüche um Sie herum und achten Sie auf das Licht in dieser Situation. Fühlen Sie Berührungen und nehmen Sie Ihren eigenen Körper in Ihrem Wunschzustand wahr. Stellen Sie sich die schönsten Aspekte und Momente Ihrer persönlichen Vision so bildhaft und so intensiv vor, wie Sie nur können - und ERLAUBEN SIE ES SICH, die Situation zu genießen und sich ganz in die Situation hinein fallen zu lassen!

Wenn Sie sich nicht sicher sind, welche Teilaspekte oder Momente und Ausschnitte Ihrer Vision Sie sich vorstellen sollen, dann wählen Sie diejenigen Aspekte aus, die Ihnen jetzt im Moment gerade am angenehmsten sind und in Ihnen die schönsten Gefühle hervorrufen.

Und dann gehen Sie den entscheidenden EINEN Schritt, der dafür sorgt, dass Ihr tägliches Visualisieren Ihren Wunsch auch wirklich in Ihr Leben ziehen kann:

Die EINE Sache, die Sie beim Visualisieren beachten müssen

Erschaffen Sie aus dem Gedanken an Ihre Vision starke und tiefe Emotionen auf emotionaler und körperlicher Ebene! Denn genau die verändern Ihre Schwingung und bringen Sie in die Vibration des Gewünschten, sodass das Gesetz der Anziehung seine Wirkung entfalten kann.

Halten Sie dafür weiter die Augen geschlossen und fühlen Sie sich noch tiefer in den Zustand hinein, in dem Sie das, was Sie sich wünschen, mit voller Aufmerksamkeit tun, sind, oder nutzen, den Moment ganz und gar genießen und dabei große Freude erleben!

Malen Sie sich die Situation in schillernden Farben aus und spüren Sie sich selbst in der Situation noch stärker mit allen Details, bis wirklich starke Emotionen in Ihnen entstehen, die Sie sogar körperlich spüren.

Wenn Sie sich zum Beispiel eine tiefe Beziehung zu einem Menschen wünschen, dann spüren und sehen Sie diesen Menschen vor sich, mit seinem Energiefeld, seiner Ausdrucksweise, seiner Gestik und Mimik, seinen Augen, sehen Sie seinen inneren Kern, sein Wesen, spüren Sie intensiv Ihre Liebe zu diesem Menschen, spüren Sie, wie Sie ihn in den Arm nehmen und sein Herz schlagen spüren...

Stellen Sie sich diese Situation ganz konzentriert für wenige Minuten so intensiv vor, dass wirklich starke Emotionen in Ihnen entstehen.

Und FREUEN Sie sich wirklich tief über das, was Sie sich vorstellen.

Seien Sie mutig, öffnen Sie sich für diese paar Minuten ganz und lassen Sie sich ganz und gar von diesem wundervollen Gefühl durchströmen und erfüllen! Unser Körper reagiert darauf mit der Ausschüttung von Glückshormonen, mit einem Kribbeln im Bauch, mit Herzklopfen, Gänsehaut, erweiterten Pupillen oder anderen Symptomen...

Und genau das ist der EINE entscheidende Trick, mit dem Sie durch Visualisieren verbunden mit einem Gefühl der unbändigen Freude und tiefen Erfüllung das in Ihr Leben ziehen, was Sie sich wünschen:

Es reicht nicht, nur an Ihre Vision zu DENKEN:

Sie müssen sie FÜHLEN! Emotional und körperlich!

Nur durch starke Emotionen erhöhen Sie Ihre Körperfrequenz so, dass Sie im Außen durch das Gesetz der Anziehung genau diese Fülle anziehen.

Mein Tipp für Sie an dieser Stelle:

Testen Sie dieses Visualisierungs-Ritual wie beschrieben (5-10 Minuten täglich) für 30 Tage und beobachten Sie, wie sich Ihr Leben bereits in dieser kurzen Zeit auch im Außen verändert.

Machen Sie sich Notizen zu Beginn und auch zum Ende der 30 Tage, um Ihr Leben vorher und nachher zu vergleichen.

Werten Sie nach 30 Tagen die Veränderungen aus, die sich in Ihrem Leben bereits nach dieser ersten Anfangsphase eingestellt haben. Sie werden überrascht sein!

Aber:

Sie müssen Ihr Visualisierungs-Ritual in diesen 30 Tagen wirklich JEDEN Tag durchführen, auch wenn Sie müde oder „nicht in der Stimmung“ sind. Die 10 Minuten müssen Sie sich nehmen! UND Sie müssen sich wirklich jeden Tag auf die starken Emotionen einlassen (wenn auch immer nur für ein paar Minuten).

Nur dann wird es funktionieren...

Wenn Sie das jedoch tun, dann wird Ihre Vision eine enorme Sogkraft für Sie entwickeln und in einer überraschenden Geschwindigkeit Fülle, Freude, Liebe, inneren und äußeren Reichtum im Überfluss und all das, was Sie sich wünschen, in Ihr Leben ziehen.

Visualisierung so angewendet wird Ihr Leben mit einer enormen Kraft revolutionieren und auf eine ganz neue Stufe bringen.

Probieren Sie es aus!

Machen Sie sich auch keine Gedanken darüber, welches starke Gefühl Sie in sich hervorrufen müssen, um in den richtigen Schwingungszustand zu gelangen, der Ihren Wunsch anzieht.

Es funktioniert ganz von selbst: Sie müssen einfach nur genau das fühlen, was Sie fühlen werden, wenn Ihr Wunsch Wirklichkeit geworden ist. Deshalb reicht es aus, wenn Sie sich eben genau diese Situation vorstellen und Sie werden automatisch in die passende Schwingung gelangen...

Was, wenn ich mir keine Bilder vorstellen kann?

Ich möchte Ihnen an dieser Stelle noch eine wichtige Information geben für Menschen, die sich grundsätzlich mit dem Abrufen von inneren Bildern schwer tun und von sich sagen: Ich kann nicht visualisieren.

Das klassische Visualisieren ist das bewusste Hervorrufen von inneren Bildern. Doch wir Menschen denken unterschiedlich. Es gibt Menschen, die eher in Bildern denken und andere, die eher in Informationen, Worten oder Zahlen denken, bei denen also kein genaues lebendiges Bild im Kopf entsteht, wenn sie an eine Situation denken. Vielleicht gehören Sie auch zu diesen Menschen? Dann kann ich Sie beruhigen.

Das ist ÜBERHAUPT KEIN PROBLEM!

Entscheidend dafür, dass sich unsere Wünsche manifestieren, ist, wie Sie nun wissen, dass wir ein starkes GEFÜHL in uns selbst hervorrufen, das uns in den entsprechenden Schwingungszustand versetzt, der mit dem in Resonanz geht, was wir haben wollen.

Es spielt dabei keine Rolle, ob dieses intensive Gefühl während des Visualisierens durch innere Bilder hervorgerufen wird oder durch Worte und intensive Gedanken an unseren Wunsch.

Wenn Sie also zu den Menschen gehören, die weniger in Bildern denken, dann denken Sie einfach beim „Visualisieren“ sehr intensiv an Ihren Wunsch, holen Sie sich alle Details zu Ihrem Wunsch in Form von Wörtern, Sätzen oder Informationen ins Bewusstsein und tun Sie das während der 5-10 Minuten so lange und immer wieder, bis das starke positive Gefühl in Ihnen entsteht, das wir erzeugen wollen.

Warum uns Visualisieren in Wahrheit oft schwer fällt

Vielen Menschen fällt es dennoch schwer zu visualisieren, und zwar auch dann, wenn sie in Bildern denken.

Wenn es Ihnen auch so gehen sollte, dann kann ich Sie auch hier wieder beruhigen.

Wenn Sie sich mit Leichtigkeit bereits in allen Details vorstellen könnten, was Sie sich wünschen, dann hätten Sie es sehr wahrscheinlich schon in Ihrem Leben!

Schwierigkeiten beim Visualisieren treten besonders häufig bei Menschen mit Konzentrationsproblemen auf. Sie setzen sich hin, schließen die Augen und versuchen sich ihr Ziel vorzustellen, aber es will und will einfach nicht vor ihrem inneren Auge auftauchen. Stattdessen kommen ihnen Gedanken in den Kopf an einen Termin am Abend, für den sie noch etwas vorbereiten müssen, daran, was sie noch einkaufen wollten, an den Streit mit dem Partner oder die Kritik vom Chef am Montag...

Andere Menschen verspüren just in dem Moment, an dem sie anfangen wollen sich ihr Ziel vorzustellen, den starken Drang, sich abzulenken, zu essen, noch schnell etwas zu erledigen, eben noch mal die Mails zu checken oder zu schlafen. Auch dies ist ein Hinweis darauf, dass Sie noch nicht für ihre Wünsche bereit sind und unbewusst verhindern wollen, dass sie sich manifestieren.

Hinter diesem unbewussten Mechanismus, unser Ziel doch noch für eine Weile von uns fern zu halten und es uns lieber für später aufzubewahren, steckt oft – in Gestalt von Angst vor einer Veränderung – der Gedanke, dass das, was wir uns wünschen, nicht sicher sein könnte oder wir nicht mit der Situation umgehen könnten, oder dass wir einfach noch nicht bereit sind unser Leben zu verändern, weil wir nicht absehen können, welche Konsequenzen die Veränderung für uns hätte. An dieser Stelle zeigen sich also noch einmal neue verhindernde Glaubenssätze in uns und blockieren unser Vorhaben.

Doch dafür gibt es eine denkbar einfache sowie naheliegende Lösung, die erstaunlicherweise in keinem Visualisierungsbuch steht. Ein „Trick“, der Sie auf natürliche und angenehme Weise von Ihrer Angst vor der Veränderung befreit...

Der einfachste Trick der Welt, mit dem Visualisieren leicht wird

Da wir alles in unserem Leben zwei Mal erschaffen – zuerst im Geist, während wir es visualisieren – und dann in der Realität, indem wir uns automatisch anders verhalten, sobald wir in einem anderen Schwingungszustand sind – müssen wir bereits im ERSTEN Schritt – nämlich bei der Visualisierung – das tun, was viele erst im Stadium der tatsächlichen Veränderung in ihrem Leben für notwendig halten:

Wir müssen uns die Chance geben, uns an die Veränderung zu gewöhnen! In kleinen Schritten, Stück für Stück, immer so viel, wie wir es schaffen. Ja, wir dürfen uns an das, was wir uns wünschen, GEWÖHNEN!

Und zwar schon jetzt – im Stadium der Erschaffung auf der geistigen Ebene.

Denn mit einer neuen Realität (ob im Kopf oder real) umgehen zu können ist eine Leistung! Sie springen ja auch nicht gleich vom 10 Meter Brett, wenn Sie das noch nie gemacht haben, sondern starten wahrscheinlich zunächst mit dem 3 Meter Brett, einfach weil Ihre Angst dort kleiner ist und Sie sich eher vorstellen können, diesen Sprung zu meistern.

Wie können Sie das praktisch tun?

Ganz einfach: Wenn Sie Schwierigkeiten haben, Ihren Wunsch zu visualisieren oder die oben beschriebenen ablenkenden „Symptome“ bei sich bemerken, dann stellen Sie sich Ihren Traum so vor, dass er Ihrer aktuellen Realität etwas näher ist. Sie können sich auch nur Teilaspekte davon vorstellen. Nämlich die Teilaspekte, die Sie jetzt schon anzunehmen bereit wären, mit denen Sie jetzt schon umgehen könnten.

Gehen Sie hier strategisch vor und gönnen Sie sich eine 10 Tages-Gewöhnungsphase:

Während der ersten 10 Tage des Visualisierens steigern Sie sich jeden Tag ein kleines Stück. Sie beginnen mit den Aspekten Ihres Traums, die Sie sich bereits gut vorstellen können und die Ihnen nicht ganz so unerreichbar erscheinen, und visualisieren diese am Morgen und am Abend. Am nächsten Tag packen Sie einen oder mehrere zusätzliche kleine Aspekte Ihres Traums in Ihre Vision dazu und stellen sich ein bereits etwas größeres Bild vor. Immer nur genau so viel, wie Sie auch aushalten und gedanklich „zulassen“ können...

So steigern Sie sich 10 Tage lang immer so, wie es Ihnen gut tut und möglich ist, bis Sie am Ende der 10 Tage Ihre ganze Vision vor Ihrem geistigen Auge entstehen lassen können, ohne unbewusst Angst zu bekommen und sich ablenken zu müssen..

Danach visualisieren Sie täglich jeden Morgen und jeden Abend so wie oben beschrieben und zwar so lange, bis Ihr Wunsch sich in Ihrem Leben manifestiert hat.

Schritt 5: Annehmen, was kommt

Warum wir oft unbewusst unsere Wünsche sabotieren, sobald sie Wirklichkeit werden

Wenn wir nun beginnen, täglich zu visualisieren, dann ist es sehr wahrscheinlich, dass sich bereits sehr schnell die Dinge in unserem Leben zeigen und wie aus dem Nichts auftauchen, die wir uns wünschen. Oft geschieht das innerhalb weniger Wochen, nicht selten auch innerhalb weniger Tage. Viele Menschen sind richtiggehend erschrocken darüber, wie schnell das Gesetz der Anziehung arbeitet.

Und an diesem Punkt, an dem wir plötzlich echte Veränderungen in unserem Leben feststellen und sehen, dass wir wirklich bekommen, was wir uns wünschen, schaltet sich oft ein letztes Mal unser unbewusster Sabotageprozess ein und sagt uns:

Das kann nicht mit rechten Dingen zugehen. Oder: Das kannst Du nicht annehmen! So etwas Schönes hast Du doch gar nicht verdient! Und weil Du es nicht verdient hast, wirst Du auch nicht damit umgehen können. Es wird Dir nur Unglück bringen! Das wird nicht lange bei Dir bleiben, Du wirst es ruckzuck wieder verlieren, erspare Dir den Schmerz. Das soll für Dich einfach nicht sein!

Also lehnen wir Chancen ab, die sich uns bieten, oder sabotieren das, was da in unser Leben strömt unbewusst und ersticken es so im Keim.

Wissen Sie, was die Ursache des Mechanismus ist, der an dieser Stelle in uns aktiv wird?

Ein Mangel an Selbstwertgefühl!

Unser Selbstwertgefühl, also unsere innere Überzeugung davon, wie WERTvoll wir sind, bestimmt darüber, was wir uns in unserem Leben selbst gönnen, was wir glauben was uns zusteht und was wir verdient haben.

Bei fast allen Menschen ist das gesunde Selbstwertgefühl, mit dem wir alle geboren wurden, im Laufe des Lebens angekratzt und verletzt worden, und so haben wir auch so oft Schwierigkeiten damit, Dinge in unserem Leben anzunehmen, die uns WIRKLICH glücklich machen können. Wir glauben, zu viel Glück stünde uns nicht zu.

Doch wissen Sie was?

Sie haben ALLES Glück dieser Erde verdient! Sie verdienen ALLES, wonach Ihr Herz sich sehnt! Sie SIND gut genug, um auf ALLEN Ebenen des Lebens glücklich zu sein und Ihre Wünsche zu leben! Und weil Sie all das verdienen, dürfen Sie es auch ANNEHMEN, wenn es beginnt, in Ihr Leben zu strömen.

Wahrscheinlich fällt es Ihnen in diesem Moment noch schwer, das zu glauben und vor allem, es zu fühlen und auch anzunehmen. Deshalb möchte ich Ihnen an dieser

Stelle ein kleines Programm an die Hand geben, mit dem Sie systematisch Ihre Selbstliebe aufbauen und damit Ihr Selbstwertgefühl stärken und wieder in seinen gesunden natürlichen Zustand bringen können.

Ich empfehle Ihnen, gleich ab heute mit dem Programm anzufangen und die 3 kleinen Selbstliebe Rituale dauerhaft, mindestens jedoch für 30 Tage, in Ihren Alltag zu integrieren.

Keine Sorge, meine Rituale dauern nur 2 Minuten am Tag (!) und lassen sich problemlos auch in einen hektischen Alltag einbauen.

Seien Sie es sich wert! Bauen Sie Ihr eigenes SelbstWERTGefühl wieder auf, lernen Sie, Ihren eigenen WERT klar zu sehen und zu fühlen und schaffen Sie damit die Grundlage, um all die wunderbaren Dinge mit offenem Herzen und bestem Gewissen annehmen zu können, die Sie sich wünschen und die Sie mit diesem Buch visualisieren und anziehen werden.

Noch mehr können Sie übrigens für Ihre Selbstliebe im Bonusteil tun, den ich Ihnen am Ende dieses Buches schenke. Dort lernen Sie zusätzlich die 3 Schlüssel zur Selbstliebe kennen und wir werden dafür sorgen, dass Sie Ihr unbewusstes Gefühl von Schuld mit einer klaren Entscheidung endgültig loslassen, Ihren Wert erkennen und so vollkommen frei Ihre Arme für die Schätze des Universums öffnen können.

Freuen Sie sich also auf die kommenden Seiten und arbeiten Sie wirklich mit den nun folgenden Ritualen und auch mit dem Bonuskapitel. Es kann die Fülle, die Sie von nun an in Ihr Leben ziehen werden, für viele, viele Jahre um ein Vielfaches steigern und Ihnen ungeahntes Glück und Leichtigkeit schenken…

Wie Sie Ihre Wünsche mit offenen Armen annehmen

3 Grundsätze, wie Sie mit kleinen Ritualen Ihr Leben verändern

Rituale sind ein wunderbar einfaches Mittel, um ohne Mühe große und kleine Veränderungen in unserem Denken und unserem Leben herbei zu führen. Sie sind besonders wirksam, wenn es um eine Veränderung der inneren Einstellung geht. Denn durch das regelmäßige Wiederholen förderlicher Denk- und Verhaltensmuster entwickeln wir ganz automatisch neue Gewohnheiten, die uns ohne weiteres Zutun zu unserem gewünschten Ziel führen.

Bevor ich Ihnen meine drei kleinen Rituale für bleibende Selbstliebe vorstelle, möchte ich Ihnen jedoch drei Grundsätze erklären, die Sie beachten sollten, damit Ihre neuen Rituale Sie sicher zum gewünschten Erfolg führen.

Der entscheidende Grund, warum der Erfolg bei manchen Menschen ausbleibt, ist nämlich der, dass sie neue Rituale zwar in ihr Leben einführen, aber sie nach kurzer Zeit wieder schleifen lassen oder aufgeben.

Daher sollten Rituale, mit denen Sie ein bestimmtes Ziel erreichen oder eine bestimmte Veränderung in Ihrem Leben herbeiführen möchten, immer die folgenden drei Voraussetzungen erfüllen:

Grundsatz 1: Bringen Sie für jedes Ritual höchstens zwei Minuten Zeit am Tag auf

Dadurch stellen Sie sicher, dass Sie es wirklich JEDEN Tag durchführen können, egal wie wenig Zeit Sie haben. Rituale, mit denen wir unsere innere Haltung und unser Denken verändern möchten, finden meist ebenfalls auf der Ebene unserer Gedanken statt und benötigen nicht viel Zeit. Häufig sind es sogar nur einige Sekunden. Mehr als zwei Minuten am Tag müssen und sollten Sie also dafür nicht aufbringen. Wichtig ist jedoch, dass Sie es regelmäßig wiederholen. Und genau das ist die zweite Voraussetzung:

Grundsatz 2: Führen Sie jedes Ritual täglich durch

Nicht einmal pro Woche, nicht mehrmals pro Woche, sondern täglich. Wenn Sie Ihre Gedanken und Ihre innere Einstellung ändern wollen, müssen Sie Ihr neues Denken täglich trainieren. Ich empfehle Ihnen, es bei dem einen Mal pro Tag zu belassen, denn aus Erfahrung kann ich Ihnen sagen: es ist sehr wahrscheinlich, dass Sie es nicht dauerhaft durchhalten werden, jedes der drei Rituale mehrmals täglich auszuführen und Sie es bald schleifen lassen werden. Der Schlüssel zum Erfolg ist aber die Regelmäßigkeit. Belassen Sie es daher bei einer Wiederholung pro Tag für jedes der drei Rituale, aber bleiben Sie damit konsequent.

Grundsatz 3: Verknüpfen Sie jedes neue Ritual mit einer bereits bestehenden Gewohnheit in Ihrem Alltag

Führen Sie ein Ritual täglich zur gleichen Zeit durch, so werden Sie es nicht vergessen. Damit ist nicht unbedingt eine feste Uhrzeit gemeint, sondern eine bestimmte, bereits bestehende Gewohnheit in Ihrem Tagesablauf, mit der Sie Ihr neues Ritual verknüpfen. Sie können zum Beispiel Ihr Ritual immer beim morgendlichen Zähneputzen oder unter der Dusche durchführen. Oder an der ersten roten Ampel auf dem Weg zur Arbeit.

Denn dieses Ritual findet ja „nur“ auf der Ebene Ihres Denkens statt. Sie können es also parallel zu Tätigkeiten durchführen, die Sie automatisch tun und bei denen Sie nicht nachdenken müssen. Ich werde Ihnen im Folgenden zu jedem der drei Rituale konkrete Vorschläge machen, wie Sie es besonders bequem in Ihren Alltag integrieren können.

Wenn Sie diese drei Grundsätze beachten, werden Sie feststellen, dass Ihre neuen Rituale schon bald zu festen Gewohnheiten werden, über die Sie nicht mehr nachzudenken brauchen. So wird Ihnen die Umsetzung sehr leicht fallen, auch wenn Sie nur wenig Zeit haben. Und der Erfolg, den Sie damit schon nach kurzer Zeit erzielen werden, wird Sie begeistern!

Und nun lassen Sie mich Ihnen die drei Rituale für bleibende Selbstliebe vorstellen, die Sie in den Zustand bringen werden, in dem Sie WISSEN UND FÜHLEN, dass Sie

ALLES verdienen, was Sie sich nur wünschen, und es voller Freude und mit offenen Armen annehmen dürfen!

Selbstwertritual 1: Schenken Sie sich selbst Aufmerksamkeit!

Dieses Ritual ist einfach und schnell erklärt und macht besonders viel Spaß!

Oft vergessen wir, wie wichtig wir für andere Menschen, Tiere oder auch für den Planeten sind, wieviel wir ihnen bedeuten und wie stark wir ihr Leben bereichern. Wir sind uns mitunter selbst dann, wenn sie es uns sagen oder zeigen, nicht sicher, ob wir es glauben sollen. Es könnte schließlich auch gut gemeinte Höflichkeit sein.

Dabei beeinflussen, inspirieren und bereichern wir das Leben von Menschen (und Tieren) im Laufe unseres Lebens in unzähligen Situationen und Arten von Beziehungen - nicht nur in unserem nahen Umfeld, sondern auch bei ganz kurzen, flüchtigen Begegnungen. Manchmal erfahren wir es nie.

Es gibt nichts, was uns schneller und leichter spüren lässt, dass wir wertvoll sind und das Allerbeste verdienen und das so unser SelbstwertGEFÜHL massiv aufbaut als das Wissen, dass wir für diese Welt wichtig sind und warum!

Schreiben Sie ab heute täglich einen Grund in Ihr Notizbuch, warum Sie für einen bestimmten Menschen, ein Tier oder die Gesellschaft wichtig sind oder einmal wichtig waren. Nur ein einziger Grund, aber das von heute an jeden Tag.

Das könnte so aussehen:

„Ich bin wichtig für mein Haustier, weil es von mir Nahrung, ein Zuhause, Schutz und Zuwendung bekommt“. „Ich war wichtig für meine frühere Kollegin, weil ich ihr beigebracht habe, wie man mit schwierigen Kunden umgeht“. „Ich bin wichtig für meinen besten Freund, weil er weiß, dass ich immer da bin und ihn auffange“ „Ich bin wichtig für die Tochter meiner Nachbarin, weil sie meine Art zu leben bewundert und ich ein Vorbild für sie bin“, „Ich bin wichtig für meine Kindheitsliebe, weil ich ihr einmal in einem Brief alle Dinge geschrieben habe, die an ihr liebenswert sind, und dieses Wissen um ihre Liebenswürdigkeit ihr bis heute Sicherheit gibt“ ....

Sie trainieren mit diesem Ritual Ihren Verstand immer weiter darauf, sich die richtigen Fragen zu stellen. Wenn Sie sich fragen, warum Sie unwichtig für andere Menschen sind, werden Sie dafür Antworten erhalten. Und wenn Sie sich fragen, warum Sie wichtig für Andere sind, werden Sie auch darauf Antworten erhalten.

Mit dem Stellen der richtigen Fragen und dem Finden von Antworten, die Ihr Selbstwertgefühl stärken, anstatt es zu schwächen, richten Sie Ihren Fokus auf die Dinge, die Sie weiter bringen. Und das, worauf wir unsere Aufmerksamkeit richten, wächst...

Wichtig ist, dass Sie bereits jetzt genau festlegen, wann in Ihrem Tagesablauf Sie sich diese Frage stellen und aufschreiben möchten. Wie Sie bereits wissen, sollten Sie das Ritual an eine bestehende tägliche Gewohnheit knüpfen und es jeden Tag zur selben Zeit erledigen, sodass es Ihnen bald ebenfalls zu einer Gewohnheit wird.

Wenn Sie mit der Bahn zur Arbeit fahren, könnten Sie es immer gleich nach dem Einsteigen – noch bevor der Zug die zweite Station anfährt – erledigen. Wenn Sie mit dem Auto fahren, könnten Sie sich immer an der ersten roten Ampel (oder an einer bestimmten Kreuzung, an der Sie täglich vorbeifahren) den Gedanken dazu machen und ihn sofort nach dem Einparken aufschreiben, noch bevor Sie aus dem Auto steigen. Oder Sie beantworten sich die Frage immer beim morgendlichen Haare föhnen oder rasieren und schreiben die Antwort sofort danach auf.

Legen Sie eine Situation fest, die Ihnen gut passt und angenehm ist.

Falls Sie Schwierigkeiten haben, Gründe zu finden, warum Sie für andere Menschen und für diese Welt wertvoll und wichtig sind, dann habe ich einen sehr hilfreichen Tipp für Sie:

Sehen Sie sich den Film „Ist das Leben nicht schön“ mit James Stewart und Donna Reed aus dem Jahr 1946 an. Er erzählt auf wunderschöne und berührende Weise die Geschichte eines Mannes, der sich wegen seiner Schulden am Heiligabend das Leben nehmen will. Das wollen die „himmlischen Mächte“ jedoch nicht zulassen: Ein Engel rettet ihn und führt ihm vor Augen, was aus dem Ort und seinen Bewohnern geworden wäre, hätte er nie gelebt… Erst dadurch wird ihm bewusst, wie viele Leben er bereichert und positiv beeinflusst hat und wie wichtig es für die Welt ist, dass es ihn gibt.

Dieser Film wird Sie auch Ihr Leben mit völlig anderen Augen sehen lassen.

Selbstwertritual 2: Werden Sie immun gegen die Urteile Anderer!

Je mehr Sie sich selbst annehmen, je zufriedener Sie mit sich werden und je mehr Sie Ihren eigenen Wert erkennen und spüren, desto weniger wird es Sie interessieren, was Andere über Sie denken. Und je weniger es Sie interessiert, was Andere denken, desto mehr werden Sie ganz selbstverständlich zu sich stehen und sich so zeigen, wie Sie sind. Ohne Scham, ohne auf die Reaktionen von Anderen zu achten und auch ohne insgeheim auf Bestätigung zu hoffen! Sie brauchen diese Bestätigung dann nicht mehr.

Sie sind selbstsicher, zufrieden, mit sich im Reinen und haben ein starkes Selbstwertgefühl und Selbstvertrauen, das so leicht durch nichts erschüttert werden kann. Das Urteil Anderer über Sie hat keine Bedeutung mehr für Sie. Nur Ihr eigenes Urteil über Sie interessiert Sie. An diesem Punkt werden Sie frei und Sie werden sich fantastisch fühlen.

Und das Überraschende ist: Es wird Sie dann auch nicht mehr interessieren, was Andere über das denken, was Sie in Ihrem Leben mit dem Gesetz der Anziehung manifestieren wollen. Der Neid anderer Menschen wird nicht länger Ihr Problem sein und Sie schon gar nicht dazu bringen, Ihr eigenes Glück zu sabotieren oder Ihr Licht unter den Scheffel zu stellen aus Angst vor den Urteilen und Reaktionen anderer Menschen.

Es gibt etwas, das Sie tun können, um Ihre Selbstsicherheit zu stärken und nahezu unerschütterlich werden zu lassen – es handelt sich um ein kleines, aber mächtiges mentales Training für Ihre innere Unabhängigkeit.

Wählen Sie dafür wieder einen Zeitpunkt in Ihrem Tagesablauf aus, an dem Sie ungestört sind und einen Moment Zeit zum Nachdenken haben und denken Sie an eine Situation, in der Sie sich in den letzten Tagen von einem anderen Menschen verurteilt, abgewertet oder abgewiesen gefühlt haben.

Das kann etwas ganz Kleines wie ein abwertender Blick von jemandem gewesen sein, den Sie registriert haben, und der Sie verletzt hat. Wenn Sie etwas Übung haben, können Sie sich auch die Erinnerung an Situationen vornehmen, die bereits eine Weile zurückliegen und die Sie stark verletzt haben, zum Beispiel die Abwertung durch einen Partner oder Ihren Vorgesetzten oder die Abwendung eines Freundes.

Denken Sie nun an die Situation zurück und anstatt sich in dem Schmerz zu verlieren, den sie dabei gespürt haben, lenken Sie sofort Ihren Fokus darauf, wie SIE die Situation mit dem Verstand beurteilen und was SIE über sich in dieser Hinsicht denken. Holen Sie sich eine zweite Meinung ein – Ihre eigene! Sind Sie wirklich dumm, hässlich, uninteressant, ein schlechter Mitarbeiter oder ein schlechter Freund? Wie schätzen SIE das ein?

Sie werden erkennen:

Das Urteil dieser Person über mich hat nicht sehr viel mit mir zu tun. Vielmehr zeigt es mir die Angst, die Unsicherheit oder den Neid des Anderen, oder aber auch seine Intoleranz gegenüber menschlichen Schwächen – ein Hinweis auf seinen eigenen inneren Druck.

Dieser korrigierende Gedanke in Ihrem Kopf sollte blitzschnell aufgerufen und die Situation anschließend wieder fallen gelassen werden. Das können und müssen Sie üben. Deshalb sollten Sie es zu einem festen Ritual machen und sich täglich für etwa ein bis zwei Minuten eine neue Situation aus Ihrem Leben vornehmen und Ihr Urteil darüber auf diese Weise korrigieren.

Sie werden sehen, dass Ihnen dieses Ritual bald sehr leicht fallen und Ihr Verstand das Einholen der entscheidenden Zweitmeinung (IHRER Meinung) und die anschließende Korrektur Ihres Urteils über die Situation und die andere Person ganz automatisch vornehmen wird.

Sie trainieren Ihr Gehirn mit diesem Ritual darauf, Verurteilungen von Anderen in einem Sekundenbruchteil bereits in der Situation selbst durch Ihr eigenes Urteil und Ihren Wissensvorsprung zu relativieren (denn schließlich kennen Sie sich besser als jeder Andere und können sich demnach auch am besten beurteilen!).

Und Sie üben sich zudem darin, Ihren Fokus ganz bewusst von der Meinung des Anderen auf Ihre eigene Meinung zu lenken und Ihre Gedanken bewusst zu steuern.

Schon bald werden Sie feststellen, dass Sie in Situationen, in denen Sie Verurteilung durch einen Menschen spüren, mit Ihrer neuen Konditionierung reagieren, blitzschnell und automatisch das Urteil des Anderen relativieren (und damit für Sie bedeutungslos werden lassen) und den Fokus wieder zurück auf Ihr eigenes Urteil lenken.

Wählen Sie für dieses Ritual ebenfalls wieder einen festen Zeitpunkt in Ihrem Tagesablauf aus, an dem Sie alleine und ungestört sind und nicht nachdenken müssen, um Ihr Ritual täglich durchführen zu können.

Selbstwertritual 3: Praktizieren Sie Selbstliebe!

Wir haben gelernt, dass wir an unseren Schwächen arbeiten und sie ausmerzen sollten. Und auch wenn wir bereits unsere Selbstliebe aufgebaut haben, so sind wir doch ständig von Menschen umgeben, die uns diese Erwartung signalisieren. Wir sollten daher ein Ritual zu einem festen Bestandteil unseres Tages machen, das uns dauerhaft dabei hilft, unser neues positives, aber noch verletzliches Selbstbild aufrecht zu erhalten und immer weiter zu festigen und nicht in die Falle zu tappen, unsere Fehler verstecken oder ausmerzen zu wollen.

Es ist sehr wichtig, dass wir uns liebevoll annehmen und gut finden können, so wie wir sind, um auch die Fülle und das Glück in unserem Leben annehmen zu können, die wir uns wünschen und um zu spüren, dass wir sie verdienen.

Wir sollten deshalb auch langfristig darauf achten, uns mit all unseren Unzulänglichkeiten anzunehmen, zu akzeptieren und auch zu mögen.

Verstehen Sie mich bitte nicht falsch. Es ist natürlich sehr hilfreich, sich bewusst weiter zu entwickeln und als Persönlichkeit zu wachsen. Aber wir werden niemals fehlerlos sein. Sie nicht. Und ich auch nicht. Wenn wir uns also nicht ein Leben lang (bewusst oder unbewusst) für unsere Fehler klein machen und hemmen wollen, so müssen wir Selbstakzeptanz lernen und sie so weit stärken, dass wir sie auch gegen Widerstände behalten.

Und dafür möchte ich Ihnen ein tägliches Ritual vorstellen:

Fertigen Sie noch heute eine Liste mit zwei Spalten an. Listen Sie in der linken Spalte all Ihre Schwächen auf. Schreiben Sie wirklich alles auf, was Ihnen peinlich ist, wofür Sie sich schämen, was Sie nicht können, wo Sie unsicher sind, wofür Sie sich womöglich verachten oder sich Vorwürfe machen. Notieren Sie jede Kleinigkeit.

Ab morgen nehmen Sie sich täglich einen Punkt auf dieser Liste vor und überlegen, was das Gute an dieser Schwäche, Unsicherheit oder Unzulänglichkeit ist. Und das notieren Sie daneben in der rechten Spalte.

Zwei Beispiele:

Linke Spalte: Ich bin immer zu spät. Rechte Spalte: Ich nehme mir Zeit für die Menschen um mich herum und lasse mich ganz auf sie ein, auch wenn ich vielleicht gerade keine Zeit habe und ich bin stolz darauf, meine Prioritäten so zu setzen. Zudem setze ich mich selbst nicht unter permanenten Zeitdruck, und das ist gut so!

Linke Spalte: Ich bin naiv und werde dadurch oft verletzt oder enttäuscht. Rechte Spalte: Ich bin ein neugieriger und mutiger Mensch, der sich auf das Leben einlässt und diese positive Einstellung möchte ich nicht missen, selbst wenn ich dadurch noch manchmal enttäuscht werde.

Wenn Sie alle Punkte aus der Liste abgearbeitet haben, dann verlängern Sie Ihre Liste und schreiben Sie in die linke Spalte alle Dinge, die Ihnen jetzt noch peinlich sind, für die Sie sich schämen oder selbst verurteilen. Sie werden sehen, dass immer noch Dinge übrig sind. Und arbeiten Sie diese Liste wieder täglich ab. Wenn Sie fertig sind, verlängern Sie die Liste weiter und arbeiten Sie sie ab und so weiter…

Bestimmen Sie auch für dieses Ritual einen festen Zeitpunkt in Ihrem Tagesablauf. Da Sie hierfür einen Moment nachdenken müssen, ist es empfehlenswert, sich eine Situation auszusuchen, in der Sie für einige Minuten ungestört sind. Legen Sie sich zum Beispiel Ihre Liste ins Bad und schauen Sie morgens darauf, bevor Sie in die Dusche steigen. Während des Duschens können Sie dann in Ruhe über die Vorteile Ihrer betrachteten Schwäche nachdenken und diese direkt anschließend in einem Satz notieren.

Muss ich nur visualisieren oder auch ins Handeln kommen? - Die überraschende Antwort!

Immer wieder bekomme ich die Frage gestellt:

Reicht es wirklich aus, meinen Wunsch nur zu visualisieren oder muss ich auch ganz praktisch ins Handeln kommen?

Die Antwort darauf ist sehr simpel:

Sie WERDEN automatisch ins Handeln kommen und Ihr Handeln verändern, wenn Sie beginnen zu visualisieren. Deshalb müssen Sie sich um Ihr Handeln (mit einer Ausnahme, die wir gleich besprechen werden) keine Gedanken machen...

Das wird wahrscheinlich nicht sofort passieren, doch je öfter Sie Ihren Wunsch visualisieren, desto mehr wird er zu einem Teil Ihrer Identität und Ihres Lebens und umso stärker wird die Schwingung, in die er Sie und Ihr gesamtes Wesen bringt. Ihr Ziel gehört dann einfach bereits so sehr zu Ihnen, dass Sie ganz automatisch entsprechend handeln werden.

Sie müssen sich deshalb in den allermeisten Fällen nichts vornehmen, was Sie tun wollen oder werden. Sie müssen keinen Plan erstellen, mit welchen Handlungen Sie zu Ihrem Ziel kommen. Sie können einfach darauf vertrauen, dass Sie automatisch die Dinge tun werden, die nötig sind, um Ihren Wunsch zu bekommen und zu leben. Denn meist wissen wir längst, was der nächste praktische Schritt zu unserem Ziel wäre. Und wir werden ihn ganz natürlich und voller Begeisterung gehen, wenn wir uns erst einmal innerlich auf unser Ziel eingestellt haben und es uns wirklich vorstellen können.

Wenn Sie zum Beispiel jeden Tag den Wunsch visualisieren, dass alle Menschen Sie lieben und selbst fremde Menschen auf der Straße strahlend auf Sie zugehen, Ihnen zujubeln und mit Ihnen befreundet sein wollen – und Sie dieses Gefühl jeden Tag immer wieder intensiv in Ihrer Vision erleben und spüren - dann werden Sie ganz automatisch anders auf Menschen zugehen und sich der Welt anders zeigen. Denn Sie haben Ihre Erwartung von dem, was passieren wird, in sich verändert.

Manchmal tun wir dann auch ganz automatisch und ohne zu zögern „verrückte" Dinge, die wir früher nie getan hätten.

Wir sagen zum Beispiel einfach einem Menschen, den wir großartig finden, dass wir ihn großartig finden, ohne uns weiter Gedanken über die Folgen unserer Worte zu machen.

Oder wir sprechen ganz spontan den Besitzer dieses wundervollen Cafes an, in dem wir schon so lange unbedingt arbeiten möchten – um uns mit ihm über seine Vision, seine selbst gebackenen Kuchen und den großartigen Ort zu unterhalten, den er geschaffen hat, und ihm mitzuteilen, dass wir ihn und sein kleines Unternehmen am liebsten gemeinsam mit ihm mit vollem Herzblut voran bringen würden.

Wir müssen nur in einem einzigen Fall nach dem Visualisieren und den 5 Schritten aus diesem Programm bewusst noch etwas planen, bevor wir ins TUN kommen können. Und zwar dann, wenn wir nicht wissen, was der nächste praktische Schritt hin zu unserem Ziel wäre. Wenn uns schlicht das Wissen fehlt, wie wir vorgehen können.

Das ist nur selten der Fall. Viel seltener als wir glauben...

Wenn wir zum Beispiel ein Unternehmen gründen wollen und das noch nie zuvor getan haben, werden wir schlicht nicht wissen, wie wir ins TUN kommen und welche Schritte wir gehen sollten. In diesem Fall brauchen wir eine Strategie. Und um die zu erarbeiten, benötigen wir das spezielle Fachwissen, das uns dorthin bringt.

Trotzdem ist auch dann das tägliche Visualisieren unseres Ziels, wie in diesem Buch beschrieben, eine wichtige Voraussetzung für unseren Erfolg, denn es schwingt uns innerlich auf unser Ziel ein, lässt uns daran glauben und räumt unsere inneren Blockaden und verborgenen Sabotageprozesse wirksam aus dem Weg, die uns ansonsten zurückhalten würden, selbst wenn wir die perfekte Strategie in den Händen hielten.

In den allermeisten Fällen jedoch wissen wir intuitiv, was zu tun ist, und werden den nächsten Schritt einfach aus unserer neuen Begeisterung und unserem neuen Glauben an uns selbst und unser Ziel heraus gehen.

Wenn Sie nicht sicher sind, ob Sie zusätzlich zu diesem Programm eine Strategie für Ihr Ziel benötigen, dann stellen Sie sich einfach einmal die Frage:

Weiss ich, was der nächste praktische Schritt zu meinem Ziel wäre? Weiss ich, was als nächstes zu tun wäre?

Lautet Ihre Antwort „nein", dann besorgen Sie sich eine wirksame Strategie (durch Bücher, Kurse oder auch Gespräche) von und mit Menschen, die das, was Sie erreichen möchten, bereits erreicht haben und es auch genießen können. Und arbeiten Sie zusätzlich zu Ihrer Strategie mit dem 5 Schritte Programm aus diesem Buch, um sich innerlich den Weg zu Ihrem Ziel auch zu erlauben und sich in die entsprechende Schwingung zu bringen, die Sie bei Ihrem Vorhaben erfolgreich sein lässt.

Lautet Ihre Antwort „ja", dann arbeiten Sie einfach mit dem Programm in diesem Buch weiter, visualisieren Sie Ihr Ziel jeden Tag wie beschrieben und achten Sie darauf, dass Sie beim Gedanken an Ihr Ziel intensive Freude spüren und sich bereits jetzt so zu fühlen beginnen, wie sie sich an Ihrem Ziel fühlen werden.

Darüber hinaus brauchen wir keinen Plan. Denn das tägliche Visualisieren setzt eine Kraft in uns frei und löst einen Tatendrang aus, den wir ab einem gewissen Punkt nicht mehr unterdrücken können und bringt uns damit ganz automatisch ins Handeln.

Oft beginnen zusätzlich durch das richtige Visualisieren auch ganz ohne unser praktisches Zutun scheinbare

Wunder zu geschehen. Es kommen Menschen, Dinge und Gelegenheiten auf uns zu, die wir uns wünschen, und drängen sich uns manchmal förmlich auf. Es scheint oft völlig unglaublich...

Doch es ist einfach das Gesetz der Anziehung, das bewirkt, dass das in Ihr Leben strömen will, was Sie auf gedanklicher Ebene erschaffen haben und das mit Ihrer neuen energetischen Schwingung in Resonanz geht. Und es ist Ihr veränderter Fokus, der Sie das, was Sie zu Ihrem Ziel bringt, sehr viel schneller und klarer erkennen lässt.

Machen Sie sich deshalb über das Handeln für Ihre Wünsche keine Sorge, sondern konzentrieren Sie sich darauf, jeden Tag zu visualisieren und vor allem richtig zu visualisieren und halten Sie Ihren Schwingungszustand ganz allgemein hoch, wie im ersten Schritt beschrieben.

Alles was auf der praktischen Ebene nötig ist, werden Sie (abgesehen von den wenigen Fällen, in denen Sie tatsächlich eine Strategie benötigen) dann automatisch tun. Sie werden es in diesem Moment tun WOLLEN und es wird Sie keinerlei Überwindung kosten.

Alles Weitere wird in Ihr Leben strömen, ohne dass Sie sich darüber Gedanken machen müssen...

Sie dürfen sich einfach zurücklehnen, Ihr Herz für die Fülle öffnen und sich auf das Leben Ihrer Träume freuen!

Denn in diesem Moment, in dem Sie dieses Buch lesen, in dem Sie sich für Ihre Vision entschieden haben, sind Ihre Wünsche bereits auf dem Weg zu Ihnen...

BONUS: Warum ICH es wert bin, die größten Schätze des Universums zu empfangen!

Ein 3 Schritte Programm zur tiefen inneren Überzeugung, dass Sie das Allerbeste verdienen

Dieses Bonuskapitel habe ich mir für Sie überlegt, um Sie zusätzlich zu dem Programm in diesem Buch ganz und gar, und vor allem dauerhaft und stabil, in das Gefühl zu bringen, dass Sie all das Wunderbare, das das Leben zu bieten hat, und auch alles, was Sie sich von Herzen wünschen, vollkommen und ganz ohne jede Frage verdienen! Dass Sie es ganz und gar annehmen und sogar vom Leben erwarten dürfen!

Sie haben in Schritt 5 des Programms bereits erfahren, wie wichtig Ihr SelbstWERTGefühl dafür ist, dass Sie es sich WERT sind, all die schönen Dinge vom Leben annehmen zu können, die Sie gerne haben möchten.

Ich möchte Sie mit diesem Bonus-Programm noch etwas tiefer in die Selbstliebe führen und Ihnen die 3 Schlüssel zur Selbstliebe vorstellen, die ich in meinem Großen Selbstliebe Übungsbuch beschreibe.

Damit möchte ich Sie noch stärker in die tiefe innere Überzeugung, das sichere Wissen, bringen, dass Sie es WERT sind, großartige Dinge anzuziehen und anzunehmen!

Und zwar nicht nur das, was Sie mit diesem Buch in Ihrem Leben manifestieren wollen, sondern auch alles Andere, was das Leben Ihnen Schönes bieten kann – und zwar für den Rest Ihres Lebens!

Bildlich gesprochen möchte ich Sie also mit diesem Bonusteil dazu anleiten, Ihre Arme für die Schätze der Welt jeden Tag ein Stück weiter zu öffnen und sie bis an Ihr Lebensende geöffnet zu halten!

Denn der Grad, zu dem Sie sich selbst lieben, ist der Grad, zu dem Sie ganz automatisch Gutes zulassen. Ihre Selbstliebe bestimmt, was Sie sich im Leben gönnen können, was Sie glauben, was Ihnen zusteht, und was Sie deshalb auch ohne Blockade annehmen können.

So werden Sie sich in Zukunft – ohne gezielt immer wieder dafür arbeiten zu müssen – ganz selbstverständlich für die guten Dinge im Leben öffnen und sich so dauerhaft mit der Zeit auf einem immer höheren Level an Freude, Reichtum und Fülle befinden…

Gehen Sie deshalb diesen Schritt in die Selbstliebe. Denn Sie sind wertvoll! Sie sind längst gut genug, um sich vom Leben verwöhnen und beschenken zu lassen!

Sie finden auf den folgenden Seiten einen Ausschnitt aus meinem großen Selbstliebe Übungsbuch und lernen die 3 Schlüssel zur Selbstliebe kennen.

Ich wünsche Ihnen viel Freude beim Lesen und noch viel mehr Spaß beim Umsetzen!

Sie verdienen Liebe!

Sie verdienen alle Liebe des Universums!

...Aber womöglich glauben Sie mir das (jetzt noch) nicht. Sie würden es vielleicht gerne glauben. Aber Sie können es nicht. Denn Sie haben jede Menge gute Gründe für die gegenteilige Annahme!

Vielleicht können Sie dieses oder jenes nicht so gut, haben dieses oder jenes in Ihrem Leben nicht erreicht oder sind (vermeintlich) nicht so attraktiv wie manch andere Menschen.
Vielleicht haben Sie schwerwiegende Fehler gemacht, sind in einem Lebensbereich „gescheitert“, haben einem anderen Menschen geschadet und sich „schuldig gemacht“.

Und wenn Sie wirklich so liebenswert wären, denken Sie vielleicht, dann hätten Sie es in Ihrem Leben doch bisher viel leichter gehabt, hätten all das Schöne, das Anderen einfach so zuzufliegen scheint, auch vom Leben erhalten und zudem von anderen Menschen mehr Bestätigung und Liebe erhalten, als es tatsächlich der Fall war.

Ich will gar nicht sagen, dass diese Erfahrungen nicht real seien. Wenn Sie Dinge wie diese in Ihrem Leben beobachtet haben, dann haben Sie sicher recht damit. Aber wenn es Ihnen an Selbstliebe mangelt, dann liegt das sehr wahrscheinlich auch wesentlich daran, dass Sie falsche SCHLÜSSE aus eben diesen Erfahrungen und Beobachtungen in Ihrem Leben gezogen haben!

Sie haben angenommen, dass Ihre fehlende Liebenswürdigkeit oder Ihr zu geringer „Wert" als Mensch die Ursache für diese Erfahrungen waren. Tatsächlich aber ist es ganz anders:

Solche Erfahrungen machen wir nicht deshalb, weil wir nicht liebenswert sind, sondern wir machen sie deshalb, weil wir GLAUBEN, nicht liebenswert zu sein!!

Hier liegt ein ganz wesentlicher Unterschied!

Denn an der ersten Ursache können wir nichts verändern. Die zweite Ursache jedoch haben wir ganz und gar selbst in der Hand.

Was wir über uns glauben und wie wir uns selbst sehen, KÖNNEN WIR VERÄNDERN! Und indem wir unser Selbstbild verändern, verändern wir auch die Erfahrungen, die wir in unserem Leben machen.

Der erste Schritt zu mehr Selbstliebe ist genau diese Erkenntnis.

Lassen Sie uns aber noch etwas genauer hinsehen:

Wenn wir glauben, nicht liebenswert zu sein oder vom Leben nichts Gutes zu bekommen (ohne hart dafür zu kämpfen), dann bleibt das unserer Umgebung nicht verborgen, selbst wenn wir unseren Glaubenssatz selbst noch nicht bewusst erkannt haben.

Wir geben dann nämlich mit unseren negativen Erwartungen völlig andere Signale nach außen ab und erhalten deshalb andere Reaktionen von Anderen und damit auch andere Resultate in unserem Leben.

Und genau so funktioniert – wie Sie nun bereits wissen - auch das Gesetz der Anziehung, das besagt, dass früher oder später das Wirklichkeit wird, was wir denken und erwarten. Es ist wahr:

Wir bekommen immer das, was wir erwarten.

Und solange wir noch nicht gelernt haben, uns zu lieben, geben wir nach außen - unbewusst - Signale ab, die zum Beispiel sagen:

Komm mir bitte nicht zu nah...
Auch Du wirst mich enttäuschen...
Das klappt sowieso nicht, oder auch:
Mit mir stimmt etwas nicht,
Mit mir lohnt es sich nicht, sich zu beschäftigen

Und unser Umfeld reagiert darauf!

Hand aufs Herz: Erkennen Sie sich hier wieder?

Welche Signale senden Sie an Ihre Umwelt, wie sie Sie zu behandeln hat? Wie liebevoll man mit Ihnen umzugehen hat? Und wieviel Mühe man sich für Sie geben soll?

Ist es vielleicht möglich, dass Sie Ihrer Umwelt Signale senden wie:

Für mich muss man sich nicht viel Mühe geben... Ich möchte niemandem zur Last fallen... Ich brauche nichts... Ich möchte keine Umstände machen... Mich muss man nicht liebevoll behandeln, ich bin hart im nehmen... Ich brauche keine Hilfe...

Und dass die negativen Erfahrungen, die Sie daraufhin in Ihrem Leben gemacht haben, Ihre Überzeugung, Sie seien nicht liebenswert, über die Jahre immer weiter gefestigt haben?

Wenn Sie jetzt ja sagen, dann müssen Sie sich nicht schämen, sondern Sie dürfen sich gratulieren! Sie haben damit nämlich den entscheidenden ersten Schritt zur Selbstliebe gemeistert – Sie haben die Verantwortung für Ihre Situation übernommen!

Ich bin mir bewusst, dass dieser Satz polarisiert und oft missverstanden wird. Aber denken Sie daran:

Wem Sie die Schuld geben, dem geben Sie die Macht.

Behalten Sie also die Macht darüber, wie Sie von Ihrem Umfeld gesehen und behandelt werden und wie Sie sich selbst sehen und behandeln, lieber bei sich, anstatt sie anderen Menschen zu geben.

Und jetzt kommt der entscheidende Punkt:

Sobald wir erkannt haben, dass wir mit unserem negativen Selbstbild, den dazu passenden Signalen, die wir aussenden, und den entsprechenden Reaktionen unserer Umwelt unser negatives Selbstbild immer weiter verhärten können, dann können wir diesen Prozess auch einfach bewusst umdrehen und über die gleiche Ursache-Wirkungskette das gegenteilige Resultat erzielen!

Wir können uns selbst anders sehen und uns lieben lernen, von unserer Umwelt entsprechend Liebe fordern und bekommen, darin eine Bestätigung finden, dass wir liebenswert sind und uns noch mehr lieben und so weiter...

Und genau das ist der Weg zu mehr und mehr Selbstliebe in unserem Leben.

Wir müssen diesen Prozess nur einmal erkennen und ihn umdrehen, wir müssen den entscheidenden Anfang machen und uns selbst anders sehen lernen und können dann den Prozess konsequent immer weiter für uns arbeiten lassen.

Es ist ganz leicht und macht Spaß! Also lassen Sie uns beginnen...

Die 3 Schlüssel zur Selbstliebe

Schlüssel 1: Sie sind richtig!

Wie Sie bereits erfahren haben, geraten viele Menschen im Laufe ihres Lebens in einen Teufelskreislauf, der ihnen mit den Jahren immer mehr ihre Selbstliebe raubt. Und viele von uns glauben unbewusst, an dieser Situation (nämlich dem Auslöser ihres Teufelskreises) selbst schuld zu sein.

Oft mussten wir in frühen Jahren erleben, dass wir lieblos behandelt wurden oder haben bereits früh den Leistungsdruck unserer modernen Welt zu spüren und vermittelt bekommen: Du bist nicht gut genug. Streng Dich mehr an. Werde besser! Und genau das – nämlich, dass wir nicht gut genug oder nicht liebenswert sind - haben wir begonnen zu glauben und unserer Umwelt zu signalisieren, woraufhin wir wieder so behandelt und damit in unserem Selbstbild weiter bestärkt wurden.

Der erste Schlüssel zur Selbstliebe ist jedoch, dass Sie erkennen, dass gar nicht Sie schuld daran sind, dass Sie einmal lieblos behandelt oder für nicht gut genug gehalten wurden! Sie haben nichts falsch gemacht. Nein, Sie sind nicht schuld an dem AUSLÖSER Ihres Teufelskreises! Im Gegenteil, Sie sind vollkommen unschuldig. Und mit Ihnen war und ist auch nichts falsch.

Das klingt zunächst wie ein Widerspruch zu dem, was ich über das Zitat „Wem Sie die Schuld geben, dem geben Sie die Macht“ geschrieben habe.

Aber das ist es nicht. Denn worum es hier geht, ist folgendes:

Sie sind nicht schuld an dem AUSLÖSER Ihres Teufelskreises, aber Sie sind schuld an den Schlüssen, die Sie HEUTE daraus ziehen.

Es ist sehr wichtig, dass Sie diesen Unterschied verstehen.

Es geht also darum, dass Sie in der Hand haben (und sowohl die Macht darüber, als auch die Schuld dafür tragen), welche Schlüsse Sie HEUTE aus Ihren Erfahrungen der Vergangenheit ziehen, wie Sie sich selbst HEUTE sehen und wie Sie sich von Anderen HEUTE behandeln lassen. Und genau hier können Sie auch etwas verändern.

Für Ihre frühen Kindheitserlebnisse tragen Sie jedoch KEINE Schuld. Und Sie hatten auch keine Macht darüber.

Sie haben nur die Macht darüber, welche SCHLÜSSE Sie HEUTE aus diesen Erfahrungen ziehen. Und diese Schlüsse sind entscheidend dafür, wie Sie HEUTE auf Ihre Situation reagieren und wie es Ihnen heute geht.

Deshalb übernehmen Sie die Verantwortung für die Schlüsse, die Sie heute ziehen, für Ihre Sichtweise und für Ihr Verhalten HEUTE. Aber entlassen Sie sich aus der Schuld für die Behandlung, die Sie als kleines Kind erfahren haben. Sie konnten nichts dafür, ja diese Behandlung hat überhaupt nichts mit Ihnen zu tun.

Diese Unterscheidung ist sehr wichtig zu verstehen.

Denn solange wir uns schuldig fühlen für den AUSLÖSER unseres Teufelskreises (also unsere frühesten Kindheitserfahrungen), werden wir es sehr schwer haben, uns selbst bedingungslos zu lieben. Doch für unsere Sicht HEUTE, und auch unsere Erfahrungen, die wir HEUTE aufgrund unserer Handlungen und Signale machen, tragen wir die Verantwortung (und die Macht).

Sie können Ihre Geschichte also heute neu interpretieren. Sie können davon ausgehen, dass Sie vollkommen gleichwertig wie jeder andere Mensch sind und schon immer waren. Und dass nichts diese Tatsache ändern kann – egal was Sie tun und wie viele Fehler Sie vielleicht begangen haben. Und dass es folglich keinen einzigen Menschen auf diesem Planeten gibt, der etwas Besseres im Leben verdient hat als Sie.

Mit anderen Worten: Alles Schöne, das Sie bei anderen Menschen beobachten, egal was es ist und wie unerreichbar es erscheint, haben auch SIE verdient!!

Sie können die Schuld, die Sie sich selbst (wahrscheinlich schon früh) aufgeladen und sich damit als minderwertig erklärt haben, als Illusion und Missverständnis erkennen, denn niemand ist oder war jemals schuld an einer lieblosen Behandlung in früher Kindheit. Ihr Umfeld hat

Ihnen gegeben, was es konnte. Mit Ihnen hat das nichts zu tun.

Sie können nun auch erkennen, wo Sie bisher in Ihrem Leben Erfolge verhindert oder Liebe und Zuneigung von anderen Menschen abgewiesen haben, weil Sie unbewusst das Gefühl hatten, diese nicht zu verdienen. Wer weiß, wer Ihnen gerne alle seine Liebe geschenkt hätte und Sie haben es nicht zugelassen...?

Dieser Gedanke muss Sie aber nicht traurig machen. Denn Sie haben es ja in der Hand, das zu verändern. Und Sie werden sehen, dass Ihre Selbstliebe und der liebevolle Umgang von Anderen eng miteinander verbunden sind und sich gegenseitig bedingen.

All das können Sie mit den Übungen in meinem *Großen Selbstliebe Übungsbuch* und dem darin enthaltenen 30 Tage Programm praktisch üben, wenn Sie möchten. Wir ersetzen darin ausführlich Ihre negativen Glaubenssätze durch neue positive, und Sie werden sich in einem vollkommen anderen Licht sehen lernen. Arbeiten Sie also gerne auch mit dem Buch als Ergänzung zu diesem hier, wenn Sie sich ein stabiles Fundament an Selbstliebe und gesundem Selbstwertgefühl aufbauen wollen. Das Grundwissen zum Thema Selbstliebe finden Sie außerdem in meinem *Großen Selbstliebe Ratgeber*.

An dieser Stelle ist jedoch zunächst einmal wichtig, dass Sie sich den Unterschied zwischen Ihrer Schuld (und Macht) als Kind und Ihrer Schuld (und Macht) heute noch einmal ganz klar und bewusst machen und sich JETZT dafür entscheiden, Ihre gesamte Schuld, die Sie sich als Kind aufgeladen haben, und die Sie seitdem mit sich herumtragen, endlich abzulegen und sie ein für alle Mal loszulassen!

Sie sind gut so, wie Sie sind! Sie sind richtig! Sie haben nichts falsch gemacht… Sie sind frei!

Schlüssel 2: Sie sind wichtig!

Kennen Sie das: Sie sind im Alltag oft so von Verpflichtungen und Erwartungen (Ihren eigenen und denen Ihrer Umwelt) eingenommen, dass Sie Ihre eigenen Bedürfnisse oft hintenanstellen, sie manchmal gar nicht mehr wahrnehmen oder sich zeitweise einfach selbst vergessen?

Damit sind Sie nicht alleine. Und das hat etwas mit unseren Prioritäten zu tun. Natürlich finden wir unsere Gesundheit, unser Wohlbefinden und unser Glück wichtig. Zumindest theoretisch. Wir lesen Bücher, besuchen Vorträge und Seminare und tun vieles, um sie zu verbessern. Aber wir erkennen oft nicht, dass wir dafür (wie für alles im Leben) einen Preis bezahlen müssen. Und dass wir, wenn wir uns tatsächlich radikal für UNS, unser Glück, unsere Gesundheit und unser Wohlbefinden entscheiden (und es verbessern), automatisch andere Dinge hinten anstellen müssen.

Diesen Preis sind wir im Alltag jedoch oft nicht bereit, tatsächlich zu bezahlen, und entscheiden uns in verschiedensten Alltagssituationen (meist innerhalb von Millisekunden und aus einer inneren Konditionierung heraus) FÜR etwas anderes und GEGEN uns und unsere Bedürfnisse.

Uns allen passiert das ständig. Wir sind beispielsweise erschöpft, aber wir wollen noch eben den Vortrag fertigstellen, bevor wir das Büro verlassen. Wir haben Durst, aber wir wollen erst den Hausputz beenden, bevor wir uns etwas zu trinken holen. Wir sind krank, aber wir wollen keinen schlechten Eindruck beim Chef hinterlassen und nehmen Tabletten, anstatt uns zuhause auszukurieren.

Täglich treffen wir unzählige solcher Entscheidungen GEGEN uns. Etwas anderes erscheint uns in diesen Momenten wichtiger als unsere Bedürfnisse und unser Wohlbefinden.

Manchmal steht dahinter eine unbegründete (und unbewusste) Angst, dass es schlimme Konsequenzen haben könnte, wenn wir uns um uns selbst, anstatt um andere Dinge oder Menschen kümmern. Etwas, das schlimmer ist, als unsere Bedürfnisse zu übergehen. Deshalb entscheiden wir uns gegen uns.

Der einzige Weg, um das zu ändern, ist, unsere Prioritäten neu zu setzen – für UNS – und zwar in vollem Bewusstsein und mit der Bereitschaft, den Preis dafür zu bezahlen. Den Preis, dass wir in manchen Situationen andere Menschen enttäuschen werden, hin und wieder ein nicht ganz perfektes Arbeitsergebnis abgeben, oder einmal eine nicht ganz saubere Wohnung haben, wenn Gäste kommen und ähnliches.

Erst wenn wir den Preis kennen, den wir bezahlen müssen und auch bereit sind, ihn zu bezahlen, werden wir uns wirklich mit allen Konsequenzen für UNS entscheiden können. Dann werden wir nicht mehr nur theoretisch finden, dass unser Wohlergehen und unser Glück wichtig sind, sondern auch die Konsequenzen ziehen und danach handeln. Und der Lohn wird gigantisch sein!

Wenn wir uns selbst und unser Wohlergehen als das Wichtigste betrachten, das wir haben, wenn wir es wichtiger nehmen als alles andere, und deshalb auch bereit sind, den Preis dafür zu bezahlen, dann achten wir auch ganz von selbst darauf, uns keinem Stress im ungesunden Maße auszusetzen, sondern spüren unsere Grenzen und respektieren sie.

Wir sind verantwortlich für unser Wohlbefinden und für den Schutz unserer Gefühle und unserer Gesundheit. Wir sind deshalb für uns so wichtig, weil WIR es sind, die die Verantwortung für uns tragen. Kein anderer Mensch wird das für uns tun können, denn kein anderer Mensch kann unsere Bedürfnisse sehen und erkennen, wie wir selbst – auch wenn wir uns das immer wieder heimlich von Anderen erhoffen. Zudem können wir uns auch nur dann wirklich gut um Andere kümmern und Anderen etwas geben, wenn es uns selbst gut geht.

Es ist wichtig, dass Sie sich immer wieder selbst daran erinnern, dass Sie für sich der wichtigste Mensch auf der Welt sind. Dass Sie sich gut um sich kümmern und für sich sorgen müssen. Dass Sie auf sich achten und sich selbst Respekt entgegen bringen müssen. Dass Sie dafür sorgen müssen, dass es Ihnen gut geht. Dass Sie es verdienen, dass es Ihnen gut geht und dass Sie gesund sind. Dass Sie sich wohl fühlen und Mitgefühl und Nachsicht mit sich selbst haben.

Sie werden, wie erwähnt, schon bald feststellen, dass Sie das, was Sie sich selbst geben, bald auch von Anderen bekommen werden.

Wenn wir überzeugt sind, dass wir es verdienen, uns gut um uns zu kümmern, so werden wir das ausstrahlen und Andere werden es in unserem Umgang mit uns selbst bemerken. Sie werden dann ebenfalls davon überzeugt sein, dass wir das verdienen und uns entsprechend behandeln.

Beginnen Sie gleich jetzt. Setzen Sie Ihre Prioritäten neu und nehmen Sie sich wichtig – von heute an bis zum letzten Tag Ihres Lebens. Nicht nur in Ihren Gedanken, sondern auch in Ihrem Handeln. Bezahlen Sie den Preis dafür gerne und ernten Sie die Früchte bei Ihrem Wohlbefinden, Ihrer Lebensqualität und Ihrer Selbstliebe.

Das Thema Bedürfniserfüllung hat übrigens nicht das Geringste mit Egoismus zu tun. Es geht hier nicht darum, unsere Wünsche und unseren Willen auf Kosten Anderer durchzusetzen, sondern darum, das, was unser Körper und unser Geist brauchen, als berechtigt und unsere Bedürfnisse als Warnung unseres inneren natürlichen Selbsterhaltungssystems zu verstehen, das uns darauf hinweisen will, dass uns etwas fehlt oder wir uns von etwas zu viel zumuten - und es aus diesem Grund ernst zu nehmen.

Bedenken Sie, dass Sie (früher oder später) auch einen Preis dafür bezahlen müssen, wenn Sie sich und Ihre Bedürfnisse nicht wichtig nehmen. Und dieser Preis kann sehr hoch werden.

Uns selbst unsere elementaren Bedürfnisse (nicht zu verwechseln mit unseren Träumen und Wünschen), zum Beispiel nach Schlaf, Ruhe, Langsamkeit, frischer Luft, Flüssigkeit, Vitaminen, einer Pause oder einer Auszeit, Rückzug usw. zu erfüllen, ist kein Luxus, den man sich leisten kann, wenn es gerade passt, und der ausfallen muss, wenn es nicht passt, sondern ist vielmehr eine Voraussetzung für unser gesundes Fortbestehen.

Wir müssen unsere Bedürfnisse daher ernst nehmen, wenn wir nicht irgendwann einen sehr hohen Preis bezahlen wollen. Und wir müssen sie ebenso ernst nehmen, wenn wir lernen wollen, uns selbst zu lieben.

Ein Mensch, der sich liebt, begegnet sich selbst mit dem höchsten Respekt!

Bringen Sie sich selbst also jetzt sofort wenigstens den Mindest-Respekt entgegen, nehmen Sie Ihre eigenen Bedürfnisse ab sofort ernst und sich selbst wichtig und bezahlen Sie den Preis dafür.

Auch das können Sie im Übungsteil das Selbstliebe Übungsbuches gleich in der ersten Woche ganz praktisch und ausführlich üben, wenn Sie hierzu gerne praktische Übungen haben möchten.

Treffen Sie die ENTSCHEIDUNG für sich und Ihr Wohlergehen aber unabhängig davon gleich jetzt!

Schlüssel 3: Die Kunst des liebevollen Umgangs mit sich selbst

Es gibt eine Instanz in uns, die unserem gerade erst wachsenden Selbstwertgefühl und unserem neu entstehenden Selbstvertrauen sehr gefährlich werden und beides innerhalb kürzester Zeit zerstören kann, wenn wir sie nicht regulieren, und der wir deshalb unsere Aufmerksamkeit schenken sollten: Unsere innere Stimme.

Diese innere Stimme sitzt direkt in unserem Kopf und spricht unaufhörlich mit uns. Je nachdem, was sie uns sagt und in welchem Ton sie mit uns spricht, fühlen wir uns gut, gemocht und bestätigt, oder aber falsch, klein und unzulänglich.

Sie kann uns Dinge sagen wie „Kannst Du nicht aufpassen!“, „Du machst Dich lächerlich!“, „Geht das nicht schneller?“, „So schaffst Du das nie“, „Warum solltest ausgerechnet DU mit so etwas Erfolg haben, das haben schon ganz andere versucht“. Wir ziehen dann automatisch den Kopf ein, lassen die Schultern hängen und fühlen uns schlecht, minderwertig, unsicher oder angespannt, wenn wir solche Dinge hören.

Unsere innere Stimme kann aber auch ganz anders mit uns umgehen. Sie kann uns sagen „Du siehst fantastisch aus!“ oder „Du bist genial!“, sofort richten wir uns auf, fühlen uns stolz und bestätigt. Oder sie kann uns Dinge sagen wie „Eins nach dem Anderen“, „Immer mit der Ruhe, lass Dich nicht unter Druck setzen“ oder „Du hast alles richtig gemacht!“ und wir fühlen uns beruhigt und in Ordnung.

Unsere innere Stimme ist mächtig, wir sollten sie nicht unterschätzen. Bereits ein einziger Satz von ihr hat einen Einfluss auf unser Lebensgefühl, unser Selbstwertgefühl und unser Selbstvertrauen. Stellen Sie sich vor, was geschieht, wenn ein Mensch über Jahre hinweg ständig Sätze hört, die ihn nieder machen, antreiben oder in Frage stellen. Wie muss ein solcher Mensch sich fühlen? Und wie wird sich jemand fühlen, der über Jahre hinweg täglich Bestätigung, Bewunderung, Lob und Mitgefühl entgegengebracht bekommt?

Das Fatale ist: wir glauben irgendwann an das, was uns immer wieder gesagt wird, und halten es dann für wahr. Wir beginnen, uns entsprechend zu verhalten und bekommen dadurch zu allem Überfluss auch von unserer Außenwelt entsprechende Reaktionen, die unser Selbstbild bestätigen. Und wir merken es oft nicht einmal.

So kann es passieren, dass ein kluger, fleißiger, sehr fähiger und begabter Mensch sich permanent unzulänglich fühlt und sich für seine mangelnde Leistung selbst heruntermacht, dass er sich zu immer neuen Leistungen und besseren Ergebnissen antreibt, um sich auch nur einigermaßen im Spiegel betrachten oder anderen selbstbewusst gegenüber treten zu können. Ebenso kann es passieren, dass ein sehr attraktiver Mensch sich selbst durch den Einfluss seiner inneren Stimme höchst kritisch betrachtet, sich für kleinste Makel verurteilt, niedermacht oder gar hasst, dass er sich selbst geradezu verabscheut oder seinen Körper ablehnt, weil und solange er nicht vollkommen makellos ist.

Es ist sehr wichtig zu verstehen, dass wir das Bild, das wir (und später auch Andere) von uns selbst haben, auch durch unsere innere Stimme selbst erschaffen - und dass wir es jederzeit neu erschaffen können. Das sollten wir daher sehr bewusst tun: unser gesamtes Lebensgefühl hängt davon ab. Es ist aus diesem Grund ungemein wichtig, dass wir unsere innere Stimme nicht länger unseren Feind sein lassen. Wir müssen sie zu unserem Freund machen!

Zu einem guten, wohlwollenden Freund, der uns kennt und mag, so wie wir sind, der uns unterstützt und bestätigt und der uns lieb hat, ohne dass wir etwas dafür tun müssen. Der seine Worte vorsichtig wählt, wenn er mit uns spricht und der uns schont. Der uns selbst Kritik liebevoll nahebringt. Und uns damit nicht in Frage stellt. Der niemals auf die Idee kommen würde, uns für unsere Schwächen nieder zu machen. Genau so sollten wir auch mit uns selbst umgehen. Mit uns selbst sprechen. Jeden Tag, und jede Minute.

Oft hat sich unsere innere Stimme jedoch bereits verselbständigt und wir nehmen nicht mehr bewusst wahr, was sie zu uns sagt. Die Art, wie sie mit uns spricht, wird für uns normal. Wie können wir also vorgehen, um unsere innere Stimme zu unserem Freund zu machen?

Achten Sie gleich heute einmal den ganzen Tag lang bewusst darauf, was Ihnen Ihre innere Stimme für Dinge sagt – und achten Sie auch darauf, WIE sie es sagt. Auch wenn Ihnen das in manchen Situationen noch nicht gelingt, so werden Sie sie in anderen Situation doch bereits deutlich hören. Stellen Sie sich vor, mit einem anderen Menschen würde auf diese Art gesprochen. Sie werden dadurch einen guten Eindruck davon bekommen, wie Ihr Selbstbild nur alleine dadurch aussehen muss.

Tragen Sie heute ein kleines Notizbuch oder einen Zettel bei sich und schreiben Sie diese Sätze den Tag über auf (natürlich können Sie sie auch in Ihrem Smartphone notieren).

Erinnern sie Sie an bestimmte Stimmen aus Ihrer Vergangenheit? Falls ja, wem gehören diese Stimmen? Wer hat so mit Ihnen gesprochen? Vielleicht Ihre Eltern oder Geschwister oder vielleicht auch Menschen außerhalb Ihrer Familie? Vielleicht Ihre Klassenkameraden oder Lehrer? Wie haben Sie sich damals dabei gefühlt?

Machen Sie Notizen, auch wenn die Erinnerung ein bisschen schmerzt. Dinge werden uns sehr viel klarer, wenn wir sie aufschreiben und niedergeschrieben vor uns sehen. Und um sich wirklich davon lösen zu können, ist es wichtig zu verstehen, unter welchem Einfluss Sie in der Vergangenheit und insbesondere als Kind standen, von welchen Menschen dieser Einfluss ausging und was er mit Ihnen gemacht hat.

Wenn Ihnen bewusst geworden ist, wie man Sie damals behandelt hat, können Sie noch klarer erkennen, dass es nicht Ihre Schuld ist – dass Sie nicht falsch sind - sondern dass andere Menschen vielleicht Fehler gemacht haben. Erst wenn Sie glasklar erkennen, dass diese Stimmen von damals nichts mit Ihnen zu tun haben, können Sie sich darin trainieren, diesen Stimmen nicht länger zuzuhören, ihnen keine Bedeutung mehr zu schenken - und sich stattdessen selbst bewusst bestätigende und unterstützende Dinge zu sagen.

Beginnen Sie so mit sich zu sprechen, wie Sie mit einem sehr lieben Freund sprechen würden.

Denken Sie dafür einmal an den liebevollsten und herzlichsten Menschen, den Sie je getroffen haben, und wählen Sie seine oder ihre Stimme in Gedanken aus, um mit Ihnen zu sprechen. Die Dinge, die sie Ihnen sagt, bestimmen Sie selbst. Aber Sie können sich den Klang seiner oder ihrer Stimme ausleihen, um von der negativen Stimme in Ihrem Kopf Abstand zu gewinnen und sie abzulösen.

Tun Sie das in den nächsten 30 Tagen täglich ganz bewusst (zum Beispiel immer morgens unter der Dusche und abends beim Zähneputzen, oder auch im Auto an jeder roten Ampel oder in der Schlange im Supermarkt). Ihre innere Stimme wird diese Gewohnheit irgendwann übernehmen und beginnen, automatisch so mit Ihnen umzugehen, ohne dass Sie sie bewusst steuern müssten.

Sie erziehen dadurch Ihre innere Stimme dazu, Sie gut zu behandeln und Ihnen eine treue Unterstützung zu sein, Ihnen Sicherheit und Bestätigung zu geben, anstatt Sie zu verunsichern und klein zu machen. Ihr Selbstwertgefühl, aber auch Ihr gesamtes Lebensgefühl werden sich alleine dadurch massiv zum Positiven verändern. Und Ihre innere Stimme wird nach und nach zu einem Instrument werden, mit dem Sie sich selbst Liebe und Zuwendung, Aufmerksamkeit und Bestätigung zufließen lassen können.

Schlusswort

Ich hoffe, ich konnte Ihnen mit diesem Buch eine praktische Anleitung geben, mit der Sie das Gesetz der Anziehung nutzen können, um das in Ihr Leben zu ziehen, was Sie sich wünschen, und mit der Sie endlich die Hürden beseitigen können, die Ihnen aus Ihrem Unterbewusstsein heraus bisher den Weg zu Ihren Wünschen versperrt haben.

Falls Sie noch etwas mehr für Ihr Selbstwertgefühl tun möchten, dann arbeiten Sie gerne auch mit meinen (Praxis-) Büchern für mehr Selbstliebe.

Sie müssen sich keine Sorgen mehr machen:

Sie verdienen ALLES was Sie sich wünschen!

Sie verdienen GLÜCK!

Sie verdienen pure Freude!

Es ist alles schon da! Sie dürfen jetzt Ihre Arme und Ihr Herz dafür öffnen...

Ihr Leben ist ein kurzer Ausflug auf dieser Erde, den Sie selbst gestalten können und der wie ein Flügelschlag wieder vergeht... Ich möchte Sie deshalb aus ganzem Herzen dazu ermutigen:

Vertun Sie diese unendlich wertvolle Chance nicht.

Eines Tages werden Sie auf Ihr Leben zurück blicken und vor sich selbst verantworten müssen, was Sie damit gemacht haben. Mit den vielen einzelnen Tagen und Momenten, mit den unendlich vielen Möglichkeiten und Gelegenheiten... Die Frage wird dann sein: Haben Sie Ihr Leben GELEBT oder haben Sie es aufgeschoben (aus Angst vor falschen Entscheidungen oder Veränderungen)?

Denken Sie daran:

Wir bereuen nicht die Dinge im Leben, die wir getan haben, sondern die Dinge, die wir NICHT getan haben. Das haben Umfragen mit sterbenden Menschen immer wieder gezeigt.

Warten Sie deshalb nicht länger, vertun Sie nicht Ihr kostbares Leben, sondern LEBEN sie es!

JETZT!

Lassen Sie heute alle Ausreden los... Visualisieren muss geübt werden. Und wenn es Ihnen heute schwer fällt zu visualisieren, dann ist das kein Grund, damit aufzuhören, sondern es ist ein Grund, damit anzufangen!

Jeden Tag! So lange, bis Ihr Wunsch Wirklichkeit geworden ist. Glauben Sie daran, dass Sie es lernen werden! Wie ein Kind, das so lange versucht zu laufen, bis es laufen kann...

Öffnen Sie Ihr Herz für die Fülle und lassen Sie den Reichtum und die Fülle des Lebens in IHRE Welt strömen!

Leben Sie Ihre Wünsche!

Wehren Sie sich nicht länger dagegen, sondern VERTRAUEN Sie dem Universum.

Es ist alles gut. Sie dürfen glücklich sein. Lassen Sie die Kraft der Fülle und der Liebe zum Leben Ihre alten Blockaden sprengen und alles verändern!

Machen Sie Ihrem Leben das größte Geschenk, indem Sie es genug wertschätzen, um die Fülle endlich zuzulassen und das, was Ihr Herz begehrt, wirklich zu leben! Werden Sie zum Gestalter Ihres kostbaren Lebens und beginnen Sie heute...

Ich wünsche Ihnen ein Leben in unermesslicher Fülle, in das Sie Hals über Kopf verliebt sind und bleiben!

Bis bald, vielleicht in einem meiner anderen Ratgeber. Ich würde mich freuen!

Ihre Cosima Sieger

P.S. Wenn Ihnen dieses Buch gefallen hat und Sie auch in Zukunft von mir lesen möchten, sind Sie herzlich eingeladen, sich auch in meinen Leser-Newsletter einzutragen. Dort erhalten Sie kostenlose Leseproben und hin und wieder auch ein kleines Geschenk von mir.

Dieser Newsletter ist kein gewöhnlicher Newsletter wie Sie ihn kennen. Lassen Sie sich überraschen! Hier können Sie sich in einer Minute eintragen:

www.cosima-sieger.de/cosimas-newsletter

Warum Sie auch Ihre tieferen Bedürfnisse kennen und erfüllen sollten, wenn Sie ein Leben in Fülle leben wollen

Manchmal wünschen wir uns mehr Fülle und Freude in unseren Leben, doch ganz gleich, was wir dafür tun und wieviel wir bekommen, fühlen wir uns doch nie angekommen. Es ist, als ob uns immer noch etwas fehlt, wir nie wirklich satt werden und uns angekommen fühlen, auch wenn wir im Innen und Außen alles bekommen.

Oft zweifeln wir dann an uns selbst. Wir sagen uns „Hast Du denn niemals genug?“ „Sei doch endlich einmal zufrieden“... Und wir fühlen uns schrecklich, weil wir so viel haben und doch leiden, weil das Loch, das wir im Inneren tragen, so sehr schmerzt und sich scheinbar einfach nicht füllen lässt.

Die meisten Menschen leben heute an ihren essenziellen tieferen Bedürfnissen vorbei, die wir Menschen alle gemeinsam haben. Und sie merken es nicht. Weil unser Lebensstil heute nicht mehr wirklich zu unseren wichtigen menschlichen Bedürfnissen passt. Und so ist es manchmal ganz egal, was wir tun, haben und bekommen... Wir bleiben rastlos, unruhig und leer und fühlen uns niemals angekommen.

Das lässt sich lösen, indem wir herausfinden, was uns in der Tiefe **wirklich** fehlt und es uns schenken. Und das hat immer mit unseren wichtigsten Bedürfnissen zu tun.

Da es so entscheidend ist, dass Sie Ihre tiefsten Bedürfnisse wirklich kennen, verstehen, wichtig nehmen und erfüllen, wenn Sie ein Leben in Fülle leben wollen, möchte ich Ihnen hier zum Abschluss eine kleine Einführung in das Thema „Leben mit erfüllten Bedürfnissen“ geben.

Sie lesen nun in meinen Kurs „Der Weg zur inneren Unabhängigkeit: Erfülle Dir selbst Deine wichtigsten Bedürfnisse“ hinein. Ich wünsche Ihnen gute Inspiration und viele wertvolle Erkenntnisse für Ihren Weg zu einem großartigen, erfüllten Leben!

LEKTION 1

Herzlich willkommen zum Kurs „Der Weg zur inneren Unabhängigkeit: Erfülle Dir selbst Deine wichtigsten Bedürfnisse“!

Schön, dass Du dabei bist!

Du wirst in den nächsten 6 Wochen lernen, wie Du Deine tieferen inneren Bedürfnisse wirklich verstehen und Dir selbst dauerhaft erfüllen kannst. Und das wird Deinen inneren Zustand vollkommen verändern. Die meisten Menschen wissen überhaupt nicht, wie es sich anfühlt, alles zu haben, was sie emotional brauchen. Sie kennen den Zustand nicht, in dem ihre emotionalen Bedürfnisse wirklich erfüllt sind und gehen oft über Jahrzehnte mit einem inneren Loch durchs Leben, das sie immerzu schmerzt oder rastlos macht.

Von diesem Gefühl werden wir Dich in den kommenden Wochen ein für alle Mal befreien.

Dass Du diesen Kurs ausgewählt hast, erfüllt mich mit besonderer Freude, denn hier lernst Du etwas, das selbst in der Branche der persönlichen Weiterentwicklung bislang noch kaum beachtet wird und doch so essenziell wichtig ist für ein gelingendes, ausgeglichenes und erfülltes Leben.

Tatsächlich bestimmt nämlich der Grad, zu dem Du Dir Deine wichtigsten existenziellen und emotionalen

Bedürfnisse (die Du natürlich noch genau kennenlernen wirst) erfüllst, inwieweit Dein Leben funktioniert und sich gut anfühlt, oder inwieweit Du anderenfalls immer wieder kämpfen und Dich mit gravierenden Problemen herumschlagen musst.

Der Zusammenhang zwischen dem Grad der Erfüllung bestimmter entscheidender Bedürfnisse und einem funktionierenden Leben ist sehr spannend. Und nachdem Du diesen Kurs absolviert hast, wirst Du viele Probleme, mit denen andere Menschen – und vielleicht auch Du bisher - konfrontiert sind, tatsächlich nie wieder haben. Dein Leben wird plötzlich funktionieren und sich gut anfühlen. Du wirst in einem satten und glücklichen Leben ankommen…

Kümmern wir uns dagegen über lange Zeit nicht um unsere eigenen Bedürfnisse (besonders die 6 wichtigsten, die Du im Kurs kennenlernen wirst), dann entsteht in uns mit der Zeit ein gefährliches Ungleichgewicht, das die Quelle sein kann für die Entstehung von Süchten, Zwängen, Ängsten, Abhängigkeiten aller Art, großer innerer Unruhe oder innerer Leere, massiven Problemen mit dem Loslassen oder auch Verzweiflung…

Unser Leben wird dann einfach nicht richtig funktionieren, so sehr wir auch kämpfen und uns bemühen, denn das Ungleichgewicht, das in uns durch unsere nicht erfüllten Bedürfnisse entsteht und das mit den Jahren immer größer wird, produziert immer neue Probleme. Diese Probleme sind ein Versuch unserer Psyche, der Erfüllung unserer

Bedürfnisse auf irgendeine Art und Weise zumindest etwas näher zu kommen, wie Du später noch erfahren wirst.

Es gibt eine wichtige Sache, die Du verstehen musst: Die Erfüllung dieser entscheidenden Bedürfnisse ist für unsere Psyche und ihre Gesundheit so essenziell, dass sie (und damit wir) alles tun, um sie uns zu erfüllen oder zumindest eine Form der Ersatzbefriedigung zu erhalten.

Unser Unterbewusstsein steuert diesen Prozess und sabotiert dann oft hartnäckig die Dinge, die wir uns mit unserem bewussten Verstand aufbauen wollen, um uns und unser Verhalten stattdessen unterbewusst in eine Richtung zu lenken, in dem es die Erfüllung unserer Bedürfnisse vermutet.

Der wohl größte innere Saboteur neben unseren negativen Glaubenssätzen (und daraus resultierenden Ängsten), ist tatsächlich genau dieser innere und meist unbewusste Mechanismus, mit dem unsere Psyche verzweifelt versucht, unsere tiefsten unerfüllten Bedürfnisse zu erfüllen, die vielleicht schon seit vielen Jahren oder gar ein ganzes Leben lang untererfüllt sind.

Du wirst überrascht und erleichtert sein, wenn Du das Konzept aus diesem Kurs umgesetzt hast und erlebst, dass die vielen unterbewussten (oft destruktiven und stark belastenden) inneren Mechanismen sich endlich beruhigen und zum Stillstand kommen, die sich so oft unaufhörlich aus unserem Unterbewusstsein heraus um eine Kompensation unserer Bedürfnisse bemühen, um unsere Psyche gesund zu halten.

Du wirst spüren, wie es sich anfühlt, alles zu haben, was Du brauchst. Es ist, als würdest Du endlich zuhause anzukommen...

Auch müssen immer zunächst Deine wichtigsten Bedürfnisse erfüllt sein, bevor Du Deine Energie und Deine Aufmerksamkeit darauf richten kannst, Dir ein großartiges und glückliches Leben aufzubauen und Deine Ziele zu verfolgen.

Ist das nicht der Fall, wird Deine Energie im ständigen unterbewussten Kampf und der Suche nach der lebenswichtigen Erfüllung Deiner Bedürfnisse verbraucht werden und Du wirst andere Ziele kaum erreichen und andere größere Vorhaben kaum - oder nur unter größter Anstrengung - erfolgreich umsetzen können.

Lass uns also gleich beginnen und für Dich eine stabile Basis für ein gelingendes und glückliches Leben schaffen!

In dieser Lektion wirst Du zunächst eine Einführung in das Thema Bedürfnisse erhalten. Richtig starten, konkret ins Detail gehen und Dein Leben genauer unter die Lupe nehmen werden wir dann ab Lektion 2.

Ich wünsche Dir viel Spaß und ganz viel Erfolg!

Deine Cosima

Ausblick auf die Grundtypen Deiner wichtigsten Bedürfnisse

Der Psychologe Abraham Maslow unterscheidet in seiner bekannten Bedürfnispyramide zwischen körperlichen und seelischen Bedürfnissen:

Ganz unten stehen in seiner Bedürfnispyramide auf dem wichtigsten Rang unsere körperlichen Bedürfnisse nach den Dingen, die uns physisch am Leben erhalten wie Nahrung, Schlaf, Atmen, welche wir uns zu allererst erfüllen müssen, bevor wir die Ruhe und die Kapazitäten haben, uns mit unseren anderen Bedürfnissen zu beschäftigen.

Darüber stehen an zweiter Stelle in ihrer Wichtigkeit unsere urmenschlichen Bedürfnisse nach Sicherheit. Dazu gehört es, ein Zuhause zu haben, eine Wohnung, ein Einkommen und eine gewisse finanzielle Sicherheit, Vorsorge für die Zukunft, aber auch eine sichere Umgebung, ein Land, in dem kein Krieg herrscht, ein Leben ohne stark belastende Ängste.

Diese Bedürfnisse müssen wir uns als nächstes erfüllen, bevor wir uns der nächsthöhergelegenen Ebene unserer Bedürfnisse widmen können:

Das ist die Ebene unserer sozialen Bedürfnisse: Nach Kontakt, Liebe, Freundschaft, Zugehörigkeit, Zuwendung und Verstandenwerden, aber auch nach Berührung und Körperkontakt.

Und darüber stehen für Maslow die sogenannten Ich-bezogenen Bedürfnisse, wie zum Beispiel unser Bedürfnis nach Status, nach Achtung und nach Anerkennung, aber auch nach Selbstverwirklichung.

Diese Einteilung unserer Grundbedürfnisse nach Maslow bietet eine gute Grundlage für unseren Kurs. Wir werden hier ab der nächsten Lektion ins Detail gehen. Ich habe allerdings eine leicht von Maslow abweichende Ansicht zum Thema Bedürfnisse:

Ich vertrete nämlich den Standpunkt, dass ein großer Teil der sogenannten Ich-bezogenen Bedürfnisse in Wahrheit Eintrittskarten zur Erfüllung unserer sozialen Bedürfnisse sind. Sie sind aus meiner Sicht also größtenteils Mittel zum Zweck, um uns unsere sozialen Bedürfnisse zu erfüllen.

Wir glauben zum Beispiel, wenn wir die Anerkennung oder den Respekt anderer bekommen oder uns einen hohen „Status" erarbeiten und aufbauen, der uns wiederum Respekt, Anerkennung und Aufmerksamkeit von Anderen einbringt (der Wunsch nach Anerkennung, Aufmerksamkeit und Respekt wird nach Maslow den Ich-bezogenen Bedürfnissen zugeordnet), dass wir dadurch eher von sozialen Gruppen akzeptiert werden und so unsere sozialen Bedürfnisse nach Liebe, Freundschaft und Zugehörigkeit eher erfüllt werden.

Ich sehe die ich-bezogenen Bedürfnisse deshalb zu einem wesentlichen Teil als Mittel zum Zweck, deren Erfüllung von Menschen besonders dann in den Mittelpunkt ihrer Bestrebungen gerückt wird, wenn sie nicht wissen, wie sie ihre sozialen Bedürfnisse auf direktem Wege erfüllt bekommen, oder hier vielleicht bereits große Defizit-Zustände in ihrem Leben erlebt haben.

Vielleicht hast Du auch schon einmal einen Menschen erlebt, der ein übersteigertes Bedürfnis nach Anerkennung oder Aufmerksamkeit hat und ständig hart für die Erfüllung dieses Bedürfnisses arbeitet.

Was oft hinter diesem übersteigerten Bedürfnis nach Anerkennung und Aufmerksamkeit steckt, ist der Wunsch, für andere Menschen wichtig zu sein und dieser Status der hohen Wichtigkeit wiederum wird als Garant für das tieferliegende Bedürfnis gesehen, zu einer Gruppe (oder einem einzelnen anderen Menschen) dazuzugehören und dauerhaft angenommen zu werden, um nicht mehr um seinen sozialen Stand und seinen sicheren Platz in der Gruppe fürchten zu müssen. Denn sichere Bindungen zu haben, war für uns Jahrtausende lang überlebenswichtig.

Ich denke dann, wenn ich ganz viel tue, um Anerkennung und Aufmerksamkeit zu bekommen und darin erfolgreich bin, dann bin ich für die soziale Gruppe oder den Partner oder die Freundin, von der ich diese Anerkennung und Aufmerksamkeit bekomme, wichtig. Und wenn ich einen hohen Status der Wichtigkeit in einer sozialen Gruppe oder in der Beziehung zu einem Menschen habe, dann werde ich meinen Platz in der Gruppe (oder in der Beziehung oder Freundschaft) nicht verlieren, dann ist mir mein Platz sicher und ich kann nicht mehr ausgeschlossen werden. Deshalb darf ich aber auch keine Fehler machen. Ich darf nicht negativ auffallen oder mich blamieren, und muss aufpassen, dass ich nichts falsch mache, um meinen Platz in der Gruppe oder der Beziehung nicht zu gefährden, für den ich so hart gearbeitet habe.

Wie du Dir denken kannst, entstehen aus dieser Angst um meine so essenziell wichtigen sozialen Bedürfnisse heraus sehr leicht Probleme wie Perfektionismus oder die Herausbildung erhöhter narzisstischer Verhaltensweisen, die uns und anderen das Leben weiter erschweren.

Ich persönlich sehe hier einen direkten Zusammenhang:

Je seltener sichere Bindungen werden, in denen wir vollkommen angenommen, aufgefangen und getragen werden, desto stärker müssen sich narzisstische Verhaltensweisen und Perfektionismus in unserer Gesellschaft als Folge der inneren Ängste ausbilden, die entstehen, weil dieses überlebenswichtige Bedürfnis nicht mehr ausreichend gestillt wird. Wir sehen unterbewusst beides als einen Weg an, doch noch die Bindung zu bekommen, die wir so sehr brauchen und nach der wir uns so sehnen.

Dies ist natürlich nur eines von unzähligen Beispielen dafür, was geschehen kann, wenn eines unserer 6 wichtigsten Bedürfnisse (in diesem Fall die sichere Bindung) nicht ausreichend gestillt wird. Weitere Beispiele sehen wir uns später an.

Was passiert, wenn wir unsere eigenen Bedürfnisse vernachlässigen?

Wenn wir nicht dafür sorgen, dass unsere wichtigsten Bedürfnisse erfolgreich und dauerhaft zu einem gewissen Mindestmaß erfüllt werden, treten fast immer früher oder später Symptome wie starke innere Unruhe, Ängste und Anspannung oder andere Folgeprobleme auf.

Der Versuch der Ablenkung oder Kompensation über verschiedene Arten der Ersatzbefriedigung (Umwege, die leider niemals ans Ziel führen, weil sie uns nicht das geben, was wir WIRKLICH brauchen) kann zu zwanghaftem oder suchthaftem Verhalten führen, wie Du bereits gelesen hast, weil wir von dem, was nicht wirkt, immer mehr brauchen, in der Hoffnung, unser wahres Bedürfnis doch noch gestillt zu bekommen. Körperliche Abhängigkeiten von bestimmten Substanzen können auf diesem Wege ebenfalls entstehen. Süchte sind häufig eine Folge stark untererfüllter tiefliegender Bedürfnisse.

Und nicht zuletzt können aus entstehenden Ängsten und Leid durch die nicht erfüllten Bedürfnisse auch Beeinträchtigungen unserer psychischen Gesundheit oder Depressionen entstehen, insbesondere dann, wenn wichtige Bedürfnisse über sehr lange Zeit unerfüllt bleiben und wir irgendwann die Hoffnung auf deren Erfüllung vollständig verloren haben.

Dieser Kurs wird verhindern, dass Dir das passiert und Dich aus einem solchen Zustand befreien, falls Du bereits über längere Zeit in einem Defizit-Zustand bist, was die Erfüllung

Deiner Bedürfnisse angeht. Denn es IST möglich, dass Du Dir alle Deine 6 wichtigsten Bedürfnisse (auch Deine seelischen) erfolgreich und einfach selbst erfüllst. Ganz egal, wie Dein Leben aussieht und wie alt Du bist.

Du brauchst dafür zwar teilweise andere Menschen, aber Du brauchst niemals EINE ganz bestimmte andere Person zur Erfüllung Deiner Bedürfnisse. Und Du wirst in diesem Kurs auch lernen, wie Du die richtigen Menschen dafür findest, mit denen es wirklich funktioniert.

Körperliche Abhängigkeiten von bestimmten Substanzen können mit der passenden Therapie übrigens auch sehr viel erfolgreicher gelöst werden, wenn Du parallel dazu Deine psychische Gesundheit wieder herstellst und die seelische Ursache für Deine Sucht – Deine unerfüllten Bedürfnisse und Deine seelische Not, die sich daraufhin eingestellt hat – verstehst und erfolgreich bearbeitest, zum Beispiel mit diesem Kurs.

Die 2 entscheidenden Prinzipien, nach denen Du Dir Deine Bedürfnisse erfüllen solltest

Bevor wir in der nächsten Lektion konkret mit der Arbeit beginnen, möchte ich Dir hier die beiden entscheidenden Prinzipien vorstellen, nach denen Du bei der dauerhaften Erfüllung Deiner Bedürfnisse vorgehen und auf die Du achten solltest.

Kaum ein Mensch achtet bewusst auf diese Prinzipien, und es ist wichtig, dass Du sie kennst, bevor wir mit dem Kurs beginnen, um im Gegensatz zu den meisten anderen Menschen Deinen persönlichen, dauerhaft und wirklich tief erfüllenden Erfolg nicht nur kurzfristig, sondern auch nachhaltig zu erzielen und beizubehalten.

Für die Erfüllung unserer wichtigen körperlichen und emotionalen Bedürfnisse benötigen wir Planung und ein langfristiges Vorgehen. Diese Säule baut sich langsam auf, durch den richtigen Plan und kontinuierliche, kleine Schritte in die richtige Richtung.

Die beiden wesentlichen Kriterien für den Erfolg sind hier Balance und Mittelmaß!

Balance bedeutet, dass wir ALLE unsere 6 wichtigsten Bedürfnisse beachten und erfüllen müssen, und uns nicht nur auf einige davon konzentrieren können.

Wenn wir eine davon vernachlässigen oder vergessen, werden wir ständig Probleme und ein inneres Loch in uns haben, das uns permanent schmerzt oder uns Angst macht, und wir werden unbewusst Unmengen von Energie und Aufmerksamkeit opfern, um dieses Loch in uns zu stopfen oder Ersatzbefriedigungen suchen und geradezu von ihnen abhängig werden, weil sie uns nicht wirklich ans Ziel führen.

Wir sind dann auch noch nicht wirklich offen dafür, unser Leben großartig zu machen, solange nicht alle unsere wichtigsten Bedürfnisse zu einem Mindestmaß erfüllt sind. Wir müssen uns ihnen also als erstes widmen und uns hier um Balance bemühen.

Mittelmaß ist das richtige Maß für die Erfüllung unserer Bedürfnisse, und zwar aus folgendem Grund:

Wenn wir uns wichtige Bedürfnisse nicht wenigstens zu einem Mindestmaß erfüllen, wir zum Beispiel ein gewisses Minimum an Absicherung, an Einkommen, an sozialen Kontakten und sicheren Bindungen haben und ein Minimum an Liebe und Respekt erhalten, dann wird uns das große Probleme bereiten und kann zu starken Ängsten führen.

Andererseits brauchen wir, sobald wir uns diese entscheidenden Bedürfnisse zu einem guten Maß erfüllt haben, nicht immer mehr davon – und es bringt uns nichts, unsere gesamte Energie immer weiter in ein bereits ausreichend gestilltes Bedürfnis hinein zu stecken und eine Übererfüllung anzustreben, denn ab einem gewissen Punkt sind wir bereits gesättigt und innerlich ruhig.

Wenn wir beispielsweise bereits sehr gut mit verschiedenen Versicherungen gegen alle Unsicherheiten des Lebens abgesichert sind, dann wird uns eine weitere Versicherung nicht mehr besonders wertvoll erscheinen, wenn wir bereits tiefe Liebe und Zuneigung von einer ganzen Gruppe an Menschen erhalten, und sehr viele, sehr tiefe und gute Freundschaften haben, dann brauchen wir irgendwann nicht notwendig noch mehr.

Wenn wir bereits von unserer gesamten Umgebung jede Menge Bestätigung, Anerkennung und Zuneigung bekommen, dann brauchen wir irgendwann nicht noch mehr davon, wenn wir bereits deutlich mehr Geld verdienen als wir benötigen, wird es uns nicht mehr so viel bedeuten, wenn wir zusätzliches Geld verdienen.

Wir sind dann an einem Punkt angekommen, an dem wir gesättigt sind. In der Volkswirtschaft spricht man vom abnehmenden Grenznutzen. Damit ist gemeint: wenn wir bereits an einem bestimmten Punkt der Sättigung angekommen sind, wird uns eine weitere zusätzliche Einheit keinen großen zusätzlichen Nutzen mehr bringen. Je mehr wir von einer Sache haben, desto kleiner wird der zusätzliche Nutzen, wenn wir noch mehr davon bekommen.

Es ist ab dem Punkt, an dem wir bereits genug haben und körperlich und emotional „gesättigt“ sind, zwar nett, noch etwas mehr Geld zu haben, noch eine weitere Versicherung, noch mehr zu essen, noch ein größeres Haus, noch mehr Freunde, noch mehr sichere Bindungen, noch mehr Anerkennung und Zuwendung... Aber es wird unsere Lebensqualität nicht mehr entscheidend nach oben verbessern können.

Wir müssen also dafür sorgen, dass alle unsere entscheidenden Bedürfnisse ohne Ausnahme zumindest bis zu einem gewissen Mindestmaß erfüllt sind (wie Du Dein persönliches Mindestmaß und Dein Wohlfühl-Sättigungsmaß für jedes Deiner 6 wichtigsten Bedürfnisse ermittelst, erfährst Du später).

Und wir müssen durch bestimmte Rituale und Gewohnheiten dafür sorgen, dass wir bei allen entscheidenden Bedürfnissen dieses Mindestmaß – oder noch besser unser Wohlfühlmaß – erreichen und auch dauerhaft halten.

To Dos für diese Woche:

Aufgabe 1:

Lies Dir diese Lektion noch einmal aufmerksam durch und präge Dir ein, nach welchen Prinzipien Du Dir Deine wichtigsten Bedürfnisse erfüllen solltest und warum.

Aufgabe 2:

Sieh Dir im Internet die Bedürfnispyramide von Maslow an und präge Dir die verschiedenen Bedürfnisebenen ein. Wir werden ab der nächsten Lektion darauf aufbauen, wenn ich Dir Deine 6 wichtigsten Bedürfnisse vorstellen werde, auf deren Erfüllung Du ab heute ein Leben lang liebevoll achten solltest.

Aufgabe 3:

Notiere erste allgemeine Ideen und Gedanken, welche körperlichen und emotionalen Bedürfnisse bei Dir vielleicht im Moment untererfüllt sind und Dich unruhig sein lassen. Hier geht es zunächst nur darum, Deine eigenen Eindrücke zu notieren, bevor Du die 6 Bedürfnisse kennst:

Fallen Dir auf Anhieb körperliche oder seelische Bedürfnisse ein, die Du seit langem vernachlässigt hast oder bei denen Du eine Leere in Dir spürst, wenn Du ehrlich bist? Etwas, nach dem Du Dich sehr sehnst, und das Du scheinbar einfach nicht bekommen kannst?

Schreibe sie Dir auf und notiere dazu, warum Du glaubst, dass diese Bedürfnisse für Dich bislang nicht ausreichend erfüllt werden:

Hast Du ihnen keine Priorität gegeben? Oder weißt Du schlichtweg nicht, wie Du sie Dir erfüllen sollst? Oder hast Du womöglich das Gefühl, Du darfst sie nicht wichtig nehmen oder Dich mit ihnen beschäftigen?

Was ist der Grund?

Ab der nächsten Lektion beginnen wir konkret mit Deinem Kurs. Dann erfährst Du, auf welche 6 Bedürfnisse Du stets achten solltest und wie Du sie Dir dauerhaft auf direkte und angenehme Weise erfolgreich erfüllst.

Bis gleich in Lektion 2!

Deine Cosima

Sie finden diesen Kurs auf meiner Website www.cosima-sieger.de in der Rubrik „Kurse“

Cosima Siegers beliebteste Bücher

Dieses seit Jahren beliebteste Buch der Autorin ist für Menschen, die ihre Herzenswünsche leben wollen!

Sie erhalten eine hochwirksame Anleitung, wie Sie innere Blockaden auflösen und mit dem Gesetz der Anziehung Ihre Wünsche Wirklichkeit werden lassen.

Dieses Buch ist ein Praxisprogramm für Menschen, die von Ängsten geplagt sind. Sie können etwas dagegen tun!

Sie erhalten eine erprobte Anleitung, wie Sie in 5 Schritten Ihre Ängste besiegen und endlich frei werden können.

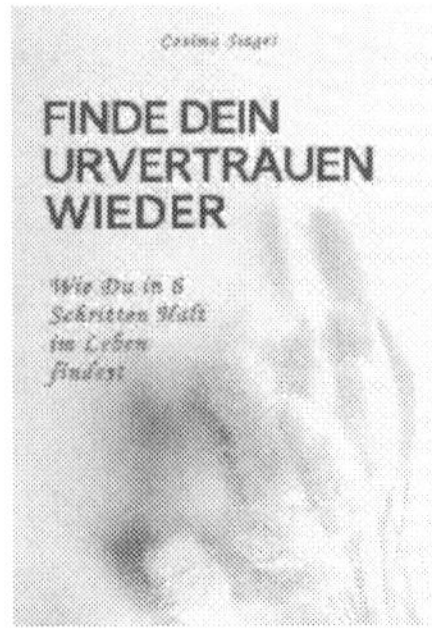

Dieses Buch ist der ideale Leitfaden für Sie, wenn es Ihnen schwerfällt, dem Leben zu vertrauen und Sie oft unruhig sind oder sich Sorgen machen.

Sie lernen, wie Sie in 6 Schritten Ihr Urvertrauen aufbauen und so Geborgenheit und Halt im Leben finden.

Dieses Buch ist die Lösung für Menschen, denen es schwerfällt, andere Menschen, Dinge, Gedanken oder auch Erinnerungen loszulassen.

Sie erfahren, wie Loslassen in 5 praktischen Schritten plötzlich ganz einfach wird und Sie glücklich neu starten!

Dieses Buch ist perfekt für Sie, wenn Sie mehr Dankbarkeit und Freude in Ihr Leben bringen wollen.

Sie lernen in einem 30 Tage Programm ganz praktisch, wie Sie in die Dankbarkeit kommen und dadurch im Innen und Außen unendliche Fülle erschaffen.

Dieses Buch ist das richtige für Sie, wenn Sie zu einem Menschenmagnet werden wollen.

Sie lernen, wie Sie aus Ihrem Inneren heraus ganz authentisch eine einzigartige Ausstrahlung aufbauen und Menschen anziehen wie ein Magnet.

Dieses Buch richtet sich an Menschen, die ihr Selbstwertgefühl stärken und lernen wollen, sich selbst liebevoller zu behandeln.

Sie erhalten unverzichtbares Basiswissen zum Thema Selbstliebe & Selbstwertgefühl: Sie lernen die 7 Säulen der Selbstliebe und ein paar wunderschöne Rituale zum Aufbau Ihrer Selbstliebe kennen.

Dieses Buch ist die perfekte Ergänzung zum großen Selbstliebe Ratgeber von Cosima Sieger.

Sie erhalten darin ein Programm mit 30 einfachen Übungen für jeden Tag für ein gesundes Selbstwertgefühl und einen liebevollen Umgang mit sich selbst.

Dieses Buch ist die ideale Erweiterung zu den anderen Selbstliebe Büchern der Autorin für Menschen, die noch intensiver in das Thema einsteigen wollen.

Sie unternehmen unter anderem eine Reise zu Ihrem inneren Kind, erleben eine unvergessliche Fantasiereise in die Welt des Geliebt-Seins und lernen, wie Sie Ihre inneren Gefäße füllen und Ihr Herz für die Liebe öffnen.

Dieses Buch ist für Menschen, denen es schwerfällt, an sich zu glauben und die oft an sich zweifeln.

Sie erhalten ein hochwirksames 30 Tage Programm, mit dem Sie Ihre innere Kraft entdecken und beginnen, endlich ganz an sich zu glauben!

Dieses Buch richtet sich an Menschen, denen es schwerfällt, gelassen durchs Leben zu gehen.

Sie ermitteln Ihre persönlichen Gründe, warum Sie so schwer gelassen bleiben können und erhalten praktische Übungen, mit denen Sie direkt an **Ihrer** Ursache ansetzen und Ihre Gelassenheit wiederfinden können.

Dieses Buch ist für Sie, wenn Sie lernen wollen, mehr im Hier und Jetzt zu sein und den Moment wirklich wahrzunehmen und wieder mehr zu genießen.

Sie finden hier wunderschöne tägliche Übungen der Autorin, die Sie in die Achtsamkeit zurückbringen und Sie wieder mit dem Leben verbinden.

Mit diesem Buch möchte Cosima Sieger Menschen erreichen, die in einem stressigen Alltag gefangen sind und nicht mehr selbst herausfinden.

Sie lernen, wie Sie den Stress loslassen und sich selbst so durch Ihr Leben mit all seinen Herausforderungen führen können, dass Sie in einem Zustand der Ruhe ankommen.

Holen Sie sich jetzt **Ihre** persönlichen Lieblingsbücher von Cosima Sieger und lassen Sie sich von der beliebten Autorin für persönliche Weiterentwicklung auf Ihrem Wachstumsweg begleiten!

Sie finden ihre Bücher bei Amazon und bei anderen Buchhändlern.

Möchten Sie tiefergehende Begleitung von Cosima Sieger auf Ihrem persönlichen Wachstumsweg?

I - Der gründliche Weg: die Akademie

In der Cosima Sieger Akademie werden Sie zwei Jahre lang mit wöchentlichen Lektionen und Übungen von Cosima Sieger auf Ihrem Weg begleitet. Sie erfahren unter anderem, wie Sie Ihren Lebenssinn finden und leben. Wie viele andere begeisterte Teilnehmer erhalten Sie hochwirksames und zum Teil noch unbekanntes Wissen zum Thema persönliche Weiterentwicklung - jeden Freitag direkt in Ihr E-Mail-Postfach.

II - Der schnelle Weg: die Kurse

Wenn Sie schnelle Veränderungen und Erfolge in einem bestimmten Lebensbereich haben möchten, können Sie auch dem erfolgreichen Weg vieler faszinierter Teilnehmer folgen und mit den Cosima Sieger Kursen zum Selbststudium arbeiten.

Mehr erfahren Sie auf den folgenden Seiten.

I - Die Cosima Sieger Akademie

<u>Zwei Jahre lang Begleitung auf Ihrem Lebensweg</u>

Mit wöchentlichen Anleitungen und Übungen von Cosima Sieger für Ihr erfolgreiches persönliches Wachstum!

<u>Die beliebte Akademie ist perfekt für Sie, wenn Sie:</u>

- Alte Muster, Ängste und Blockaden dauerhaft auflösen und Ihr Denken verändern wollen.
- Stark, gelassen und glücklich werden und **Ihren** Lebenssinn finden und leben wollen.
- Sich Begleitung und Anleitung auf Ihrem Weg zu einem tief erfüllten, sinnhaften Leben wünschen.

„Ein neues Leben beginnt mit neuen Gedanken!"

Cosima Sieger

Teilnehmer sagen:

„Es lohnt sich!"

„Ich habe durch das Studium Ziele erreicht, die mir vor 12 Monaten noch unerreichbar vorkamen!"

„Mein Leben hat sich stark verbessert und ich kann es immer kaum abwarten, bis wieder Freitag ist und ich die nächste Lektion bekomme und bearbeiten kann."

„Ich bin restlos begeistert von der Akademie!"

Wenn Sie mögen, finden Sie heraus, ob diese Akademie auch für Sie und Ihren persönlichen Lebensweg die richtige Begleitung ist!

Sie finden die Cosima Sieger Akademie unter dem folgenden link:

www.cosima-sieger.de/cosimas-akademie

II - Die Cosima Sieger Kurse

<u>Wenn Sie schnelle Erfolge in einem bestimmten Lebensbereich haben möchten</u>

Innere Blockaden lösen, Bedürfnisse erfüllen, Selbstwertgefühl stärken, Selbstvertrauen aufbauen…

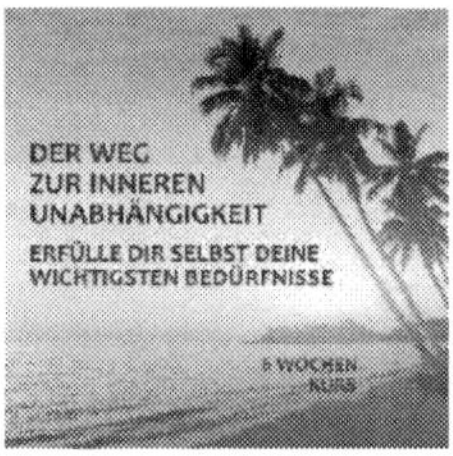

Teilnehmer sagen:

„Es ist ein tolles Gefühl, wenn ich merke, dass ich weiterkomme!“

„Seit ich mit dem Kurs angefangen habe, hat sich so vieles zum Positiven verändert, dass ich überhaupt nicht weiß, wo ich anfangen soll...“

„Mein Leben ist auf einmal einfach wundervoll.“

Entdecken Sie hier, wie einfach die Kurse funktionieren und warum sie der Durchbruch in Ihrer persönlichen Entwicklung sein können:

www.cosima-sieger.de/kurse

„Alles beginnt mit einer Entscheidung!“

Cosima Sieger

Und noch eine kleine Überraschung...

Als Leser(in) dieses Buches möchte ich Ihnen zum Abschluss ein Geschenk machen, um Ihnen dabei zu helfen, Ihr Leben noch einfacher, schneller und wirksamer in die Richtung zu entwickeln, die Sie sich wünschen, Ihre ganz persönlichen Erfolge zu erzielen und echte Erfüllung zu finden. Es soll Sie darin unterstützen, stark, gelassen und glücklich zu werden und ganz in die Kraft und die Liebe zu kommen! Und es soll Ihnen helfen, noch mehr zu dem Menschen zu werden, der ganz von selbst das anzieht, was Sie sich wünschen.

Ich habe mich entschieden, Ihnen die vollständige Basislektion und die erste Lektion aus der Cosima Sieger Akademie zu schenken, inklusive Übungen, Anleitung und Praxisteil zum selbst umsetzen.

Sie werden darin das Geheimnis der hochwirksamen Persönlichkeitsentwicklung erfahren und verstehen, über welchen Kreislauf Ihre Glaubenssätze und Gedanken heimlich Ihr Schicksal bestimmen und wie Sie beides dauerhaft verändern können. Und Sie finden darin eine Anleitung, wie Sie echtes Selbstvertrauen und innere Stärke aufbauen. Sie erfahren, warum Ihr Schicksal das Resultat Ihrer Persönlichkeit ist und wie Sie Ihre Persönlichkeit und damit auch Ihr Leben gezielt und mit System entwickeln und in die Richtung verändern können, die Sie sich wünschen.

Seien Sie also gespannt und lassen Sie sich inspirieren!

Geben Sie den folgenden Link in die Suchzeile Ihres Browsers ein und Sie finden dort die beiden Lektionen als PDF für Sie vorbereitet:

https://bit.ly/2CNELNK

Mein Herzenstipp für Sie lautet: Setzen Sie auch die Übungen in den Lektionen um, denn Sie wissen ja: Nur angewandtes Wissen ist Macht ☺

Wenn Sie DIESES Wissen jedoch wirklich umsetzen, dann werden Sie Ihr Leben in einem Quantensprung nach vorne bringen in Richtung Kraft, Lebensfreude und Liebe!

Wenn Sie mehr tun wollen, dann erhalten Sie in meiner Online Akademie jeden Freitag neue Übungen, mit denen Sie Ihre Persönlichkeit und Ihr Leben nach Ihren Wünschen verändern können und zu dem Menschen werden, der automatisch und auch dauerhaft das anzieht, was Sie sich wünschen.

Ich glaube daran, dass wir mit unserer Persönlichkeit und all ihren Elementen, wie unseren bewussten und unbewussten Glaubenssätzen, unseren Gedanken und Bewertungen, unseren Gefühlen, unserer Körperchemie, unseren Reaktionen auf unsere Umstände und unserem Umgang mit dem Leben zu einem ganz wesentlichen Teil unser Schicksal selbst formen.

Und dass wir all das nach bestimmten natürlichen Gesetzen bewusst verändern und uns so auch jederzeit ein neues Leben mit neuen Erfahrungen erschaffen können.

Wenn Sie das Gefühl haben, dass Sie sich eine tiefe und dauerhafte Veränderung wünschen, dann kommen Sie gerne auch zu uns in die Akademie, lernen Sie die Naturgesetze des erfolgreichen inneren und äußeren Wachstums kennen und erschaffen Sie sich mit meinen Übungen und Strategien das Schicksal, das Sie sich wünschen.

Hier geht's zur Akademie:

http://www.cosima-sieger.de/cosimas-akademie/

Und nun viel Freude mit meinem Geschenk und den Übungen! Gönnen Sie sich ein großartiges Leben!

Ihre Cosima Sieger

Anhang, Haftungsausschluss und Copyright

Was denken Sie?

Wenn Ihnen mein Ratgeber gefallen hat, freue ich mich sehr, wenn Sie mir eine Rezension bei Amazon hinterlassen. Eine kurze Bewertung gibt mir meine Motivation, um weitere Ratgeber für diese Reihe zu schreiben und auch das Wissen, wie ich sie so gestalten kann, dass ich Ihnen damit am besten helfe.

Selbstverständlich ist sowohl positives, als auch negatives Feedback willkommen. Mit beidem kann ich meine Bücher kontinuierlich für meine Leser verbessern, und das ist mir sehr wichtig. Über positives Feedback freue ich mich aber natürlich ganz besonders.

Schenken Sie mir also doch jetzt noch 2 Minuten Ihrer Zeit und schreiben Sie mit ein oder zwei Zeilen jetzt gleich noch eine kurze Bewertung zu diesem Buch.

Vielen herzlichen Dank für Ihre Unterstützung!

Haftungsausschluss, Impressum & Eigentumsrechte

Wir sind bemüht, alle Angaben und Informationen in diesem Buch korrekt und aktuell zu halten. Trotzdem können Fehler und Unklarheiten leider nie vollkommen ausgeschlossen werden. Daher übernehmen wir keine Gewähr für die Richtigkeit, Aktualität, Qualität und Vollständigkeit der vorliegenden Texte und Informationen.

Für Schäden, die durch die Nutzung der bereitgestellten Informationen mittelbar oder unmittelbar entstehen, haften wir nicht, solange uns nicht grob fahrlässiges oder vorsätzliches Verschulden nachgewiesen werden kann. Für Hinweise auf eventuelle Fehler oder Unklarheiten sind wir Ihnen dankbar.

Impressum:

Die Autorin Cosima Sieger wird vertreten durch:

Miriam Al-Kebbeh
Arndtstrasse 25
60325 Frankfurt am Main
E-Mail: freizeitgewinnen@gmail.com

Alle etwaigen in diesem Buch genannten Markennamen und Warenzeichen sind Eigentum der rechtmäßigen Eigentümer. Sie dienen hier nur zur Beschreibung der jeweiligen Firmen, Produkte oder Dienstleistungen.

Printed in Poland
by Amazon Fulfillment
Poland Sp. z o.o., Wrocław

86541100R00092